まんが『ブッダ』に学ぶ

穏やかな働き方

はじめに

今からおよそ2500年前、ブッダ（本名はゴータマ・シッダルタ）は、シャカ族の王子として生まれました。
そんな彼の人生とまわりの人々の生きざまを描いたまんがが、発行累計2000万部を超える名作『ブッダ』です。

著者である、まんがの神様・手塚治虫は『ブッダ』について、「一つのファンタジー」、「人間の大河ドラマ」と語っています。

事実、まんがの中には、仏典には登場しない架空のキャラクターが数多く登場します。ブッダの生きざまだけを描けば、まんがとして話が平板になってしまうからです。
しかし裏を返せば、実在しないキャラクターたちが、現代人にとっても感情移入のしやすいストーリー展開を生み出しているともいえます。
本書では、そんな人間の大河ドラマ『ブッダ』から名シーンや名言を取り上げ、より穏やかな心で仕事を進めるための考え方を紹介していきます。

「何度もやり直しのきく人生が約束されているのならともかく、有限の一度だけの自分の人生です。狭い囲いの中で、息苦しいものにしたくないではありませんか」※

かつてこんな言葉を残した手塚治虫の思いが、『ブッダ』の名シーンや名言を通して皆さまの心に届けば幸いです。

※『ガラスの地球を救え』（光文社）　手塚治虫

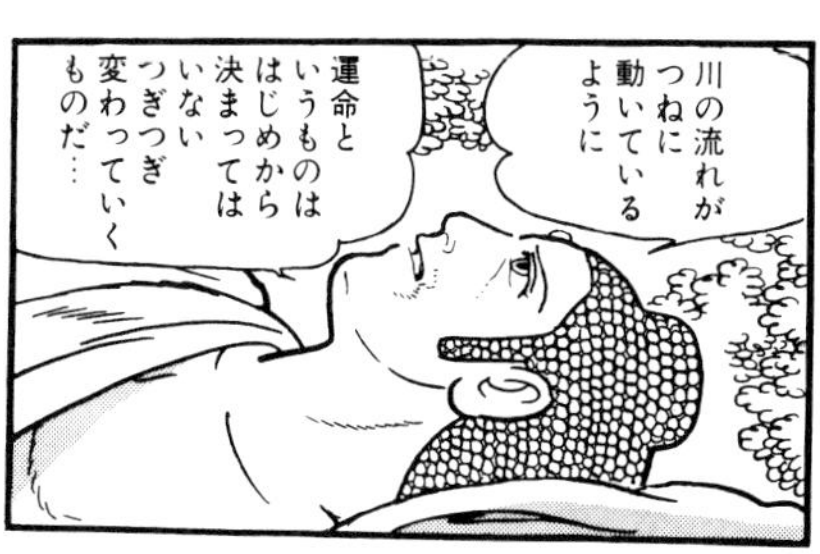

もくじ

ズー

苦しんでいるはずだあなたの顔に出ている……

主要参考文献

『ブッダ』1巻―12巻（潮漫画文庫）　手塚治虫 著　潮出版社
『ブッダの真理のことば・感興のことば』　中村元 訳　岩波書店
『ブッダのことば』　中村元 訳　岩波書店
『手塚治虫のブッダ 救われる言葉』　手塚治虫 著　光文社
『手塚治虫のブッダ いかにして救われるか実践講座』
手塚治虫 著　手塚プロダクション 監修　光文社
『手塚治虫の「ブッダ」と学ぶ もう迷わない生き方』
ヤタワラ・パンニャラーマ 監修　手塚治虫 画　実業之日本社

※ブッダの本名はシッダルタですが、本文ではすべて「ブッダ」と表記しています。
※本文に出てくる巻数・ページ数は、潮漫画文庫のものになります。

第1章
自分に対して

まわりを意識しすぎると、自分を見失う。

教団の指導者となるため、ブッダを殺そうと決めたダイバダッタ。
毒を塗った爪で、寝ているブッダを引っかこうとしていた彼は、
途中で転んで爪をはがし、その傷口から毒が入ってしまいます。
全身に毒がまわり、意識が朦朧とするダイバダッタがブッダを見つけ、
「あんたがにくい」とつぶやくと、ブッダはこう返したのです。

「おまえの敵はおまえ自身なのだ」

社内外のライバル、気の合わない人、苦手な上司……。
彼らへの憎しみや怒りにとらわれていると、いつしか自分をコントロールできなくなります。
そういったネガティブな感情を克服し、心を整えることのほうが、
他人に勝利することよりずっと優れたことなのです。

**まわりを過剰に意識するより、自分の内面に目を向けること。
敵視していいのは、「自分の弱い心」だけなのです。**

あ…あ　も……もう……手が動かん…………だれだ？　そ…そこにいるのは
ブッダ!!　あんたがにくい　あんたは……私の最大の敵だったんだ
私はおまえの敵ではない
いや……あんたは敵だった
私ア……あんたになりたくてなれなかった……だから…あ…ん…た…が…に…にく…かった…
おまえの敵はおまえ自身なのだ　ダイバダッタよ……

12巻164P

怒りは自分を傷つける。

ブッダの弟子であるダイバダッタは、教団の後継者になれないことがわかると、ブッダから強引に地位を奪うことを決意しました。

そして、昔から自分を慕うアジャセ王に、自分を教団の指導者に任命させたのです。

もう一人の弟子・アナンダが、ダイバダッタに怒り叫ぶ様子を見て、ブッダはこう諭します。


「怒りに自分を見失うなっ　落ち着きなさい!!」


怒りを人にぶつけると、一瞬すっきりしたように錯覚します。

しかしそのあと、深い後悔や、なんとも言えない苦々しい気持ちがわいてくるはず。

結果的に、怒りの言葉は相手だけでなく、自分自身を傷つけてしまうのです。

人を責めることは、自分自身を傷つけること。
責めたあと、最後に残るのは、後悔と苦しさだけなのです。

いくら陛下のおことばでもそれはひどすぎます!!ブッダはあの教団の指導者でおられるんですよ!!
指導者? 指導者ならちゃんとこの城におるぞ
予が認めたレッキとした指導者だ
そんな人間がいるはずはないっすくなくとも私は認めませんっ
私が指導者だ
ダイバダッタ!! やっぱりおまえか!!
おまえなど指導者なんかになる資格はないぞーッ
アナンダ 怒りに自分を見失うなっ 落ち着きなさい!!

12巻140P

自分のことを棚に上げ、人を批判しない。

幻覚薬によって危険な行動を繰り返す狂女・ヴィサーカー。

旅の途中で彼女に出会ったブッダは、回復するまで連れて旅することを決断します。

弟子のアナンダが、「狂女と旅はごめんです!!」と言うと、ブッダはこう言い返しました。

「人間は多少なりとも だれでも狂気を持っているものだ
だから他人の狂気をとやかくいうべきではないぞ」

他人の過ちに対して何かを言いたくなった時、目を他人から自分に向けてみましょう。

あなたは同じ過ちを犯していないか。ほかのことで他人に迷惑をかけていないか。

人に言えない過ちや過去を、誰でもいくつか持っているもの。

それを批判された時の気持ちを考えたら、相手にかける言葉も変わるはずです。

他人の過ちを見たら、「自分はどうだろう」と省みること。
ただ批判するのではなく、自分を改善するいい機会と考えるのです。

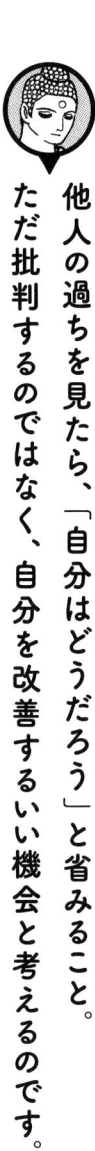

……でも あいつは なおりませんよ たぶん……
病気にかかっているのだ 心の病気にな……
それァ そうですけど いつまでもこんな町にいられませんし
心の病気は まず その原因を調べ その原因になるものを消してやれば なおるものだ
つれていく
イエッ!?
そ
そんな
わたしゃア狂女と旅はごめんです!!
じゃあ おまえは心が狂っていないといえるかね
えっ
どうだな? 人間は多少なりとも だれでも狂気を持っているものだ
ハア……
だから他人の狂気をとやかくいうべきではないぞ

11巻21-22P

「人のせい」より、「自分のせい」に。

悟りを開いたばかりのブッダは、木の下に現れたブラフマン（梵天）から「その悟りを人々に教えよ」と言われ、このような悩みを打ち明けています。

「世の中はゆがんで人々の心はすさんでいます
聞いてくれる人なんかおりません」

精いっぱい働いているのにうまくいかないことがあると、「あの人がやってくれないから」、「会社がこう言うから」と思ってしまう時があります。
しかし、他人の考え方や組織の決まりをすぐに変えることはできません。
「まだ自分ができることはなかったか」、「パートナー選びを自分が間違ったのではないか」と、自分自身の行いを反省し、次に活かすことが、苦しみから抜け出す一番の方法なのです。

どんな失敗も、他人だけのせいにせず、自分の改善点を探すこと。
人を責めるより自分を変えたほうが、結果的に心も楽になれるのです。

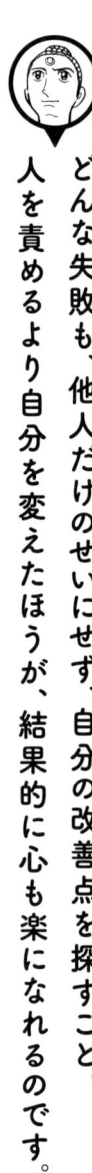

私はむかし予言をしたな あなたはピッパラの樹の下で きっと悟りをひらくと
そして あなたは その悟りを 死ぬまで人々に 教えつづけるだろうとな……
し しかしブラフマン
どうやって人に教えたら いいのです
私が苦しみぬいて やっと悟ったものを
だれがわかってくれましょう
とても無理です
それでもあなたは教えてまわるのじゃ
世の中はゆがんで
人々の心はすさんでいます
聞いてくれる人なんかおりません

6巻 252-253P

未来は今の自分がつくる。

人の未来を予知する能力を持つアッサジ。
彼のもとには、自分の未来を知りたい人々がどんどん集まります。
しかし彼らは、未来の不幸をアッサジから聞き、肩を落として帰ることになるのです。
その様子を見ていたデーパは、こうつぶやきます。

「未来を知ってしまうってことはなんて残酷なものだ……」

人には誰しも、死が訪れます。
しかし、それまでどう働き、どう暮らすかはあなた次第。
これまであなたが「どう生きてきたか」の結果が今であり、
これから「何を考えるか」、「どう行動するか」によって、
未来のあなたができあがっていくのです。

「今の思い」の積み重ねが、未来のあなた。
先のことを憂うより、目の前のことに前向きに取り組みましょう。

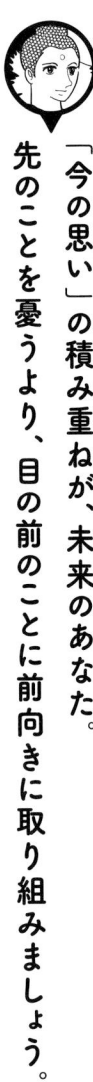

あたしには
どんな男性と
結ばれるか
教えて
ちょうだい
ズー
女ったらしの
エッチの
前科三犯の
サギ師
ひとことでいい
わしの前途を
ズバリ……
死に
のたれ
………
未来を知って
しまうってことは
なんて残酷な
ものだ……

5巻116P

行動した人にしか、奇跡は起きない。

ブッダが、彼を憎むアジャセ王子に矢で射られてしまった時、
ひん死のブッダのために、デーパは必死で治療を施します。
かつて2度もブッダに命を救われたことがあった彼は、こう言いました。

「助かる見こみは万にひとつぐらいかな
だが おれはその万にひとつを手に入れる……」

その後ブッダは、無事、一命をとりとめたのです。

どんな難しいことも、可能性が低いと思われることも、
いいことだと思うならまずはやってみることが大切です。
やれば失敗しても次に活かせますが、やらねば後悔しか残りません。

**「できるかどうか」より、「やるかどうか」。いい行いを積み重ねれば、
すぐに結果は出なくても、その経験が必ず正しい未来を切り開きます。**

私はブッダに命を救われた今度は私がブッダを救わねばならん！
赤く焼いた鉄のコテで傷口を焼く！
おれがコーサラ軍に殺されかけたとき あなたは自分の血をおれにわけてくれた
それだけでなくルリ王子の剣からも守ってくれた
今度はおれがあなたを救う番だっ
ほんとに助かるのかね デーパ……
助かる見こみは万にひとつぐらいかな
だが おれはその万にひとつを手に入れる……
なおさずにおくものかっ

10巻 49-50P

「思う」↓「やる」の壁を越える。

毒を飲んで声が出なくなってしまったミゲーラを、薬を使わずに治したブッダ。
今まで彼を憎んでいたダイバダッタは、その光景を見て考えを一新します。
そしてすぐさまブッダの弟子となり、こう言ったのです。

**「これは 私にとって新しい人生です
私は新しい人生に賭けます！」**

「今度ごはんを食べましょう」と約束しても、なかなか日にちを決めなかったり、
いいアイデアが浮かんでも、そのまま時間が経って忘れてしまったり……。
思い立ったことを行動に移すのは、時間が経てば経つほど難しくなります。
「いいことだ」と思ったら、「面倒くさい」の壁を越え、すぐに動きだしましょう。

**「面倒だ」という気持ちが生まれる前に、やること。
いいことも、思うだけでやらなければ、思っていないのと同じです。**

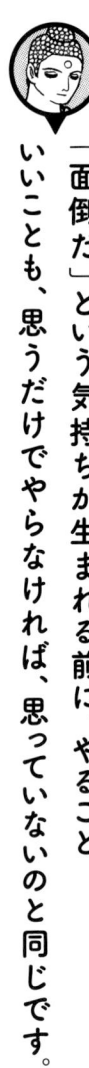

私は自分だけがたよりだったのです そういうふうに生きてきました
あなたをバカにしていました
そういえば前に一度会いましたな
なんだダイバダッタじゃねえか!?
歓迎しますよ
はい！私はダイバダッタ！タッタの友人です
ブッダよなにとぞ私をお弟子に
私といっしょに考え命の尊さを説くことができますか
はい!! やります
なんとかやってみます……
これは 私にとって新しい人生です
私は新しい人生に賭けます！

7巻 215-216P

自分の行動や考えを疑う。

ブッダの弟子になることを決めたダイバダッタ。
これからブッダのそばで寝起きをともにしようとはりきる彼に対し、
ブッダはそんなことをせず、今まで通り働くよう伝えます。
そして、このように話したのです。

「いつもつぎのことを考えなさい
いま 自分は何をしているのか
自分のしていることは自分にとって大事なことなのか
人にとって大事なことなのか
そして大勢の人にとって大事なことなのか！」

新しいことやまわりのことばかりに気をとられないこと。
毎日の仕事、毎日の自分を常に見つめ直し、改善しつづけましょう。

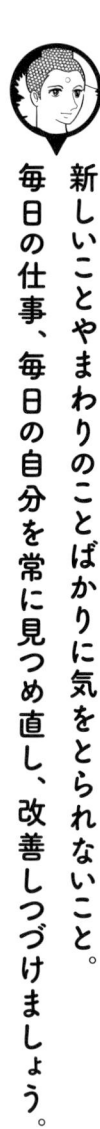

ここに師とともに寝起きをしまして……
そこまではしなくていい
ソファーやベッドを入れましてじゅうたんも……師にはもっとちゃんとしたりっぱなお部屋が必要です
いいってば
それよりあなたは都へ帰って仕事をつづけなさい
どんな仕事をしていようと
どういう身分であろうと
悟ることができるのだいつもつぎのことを考えなさい
いま 自分は何をしているのか
自分のしていることは自分にとって大事なことなのか
人にとって大事なことなのか
そして大勢の人にとって大事なことなのか!

7巻 216P

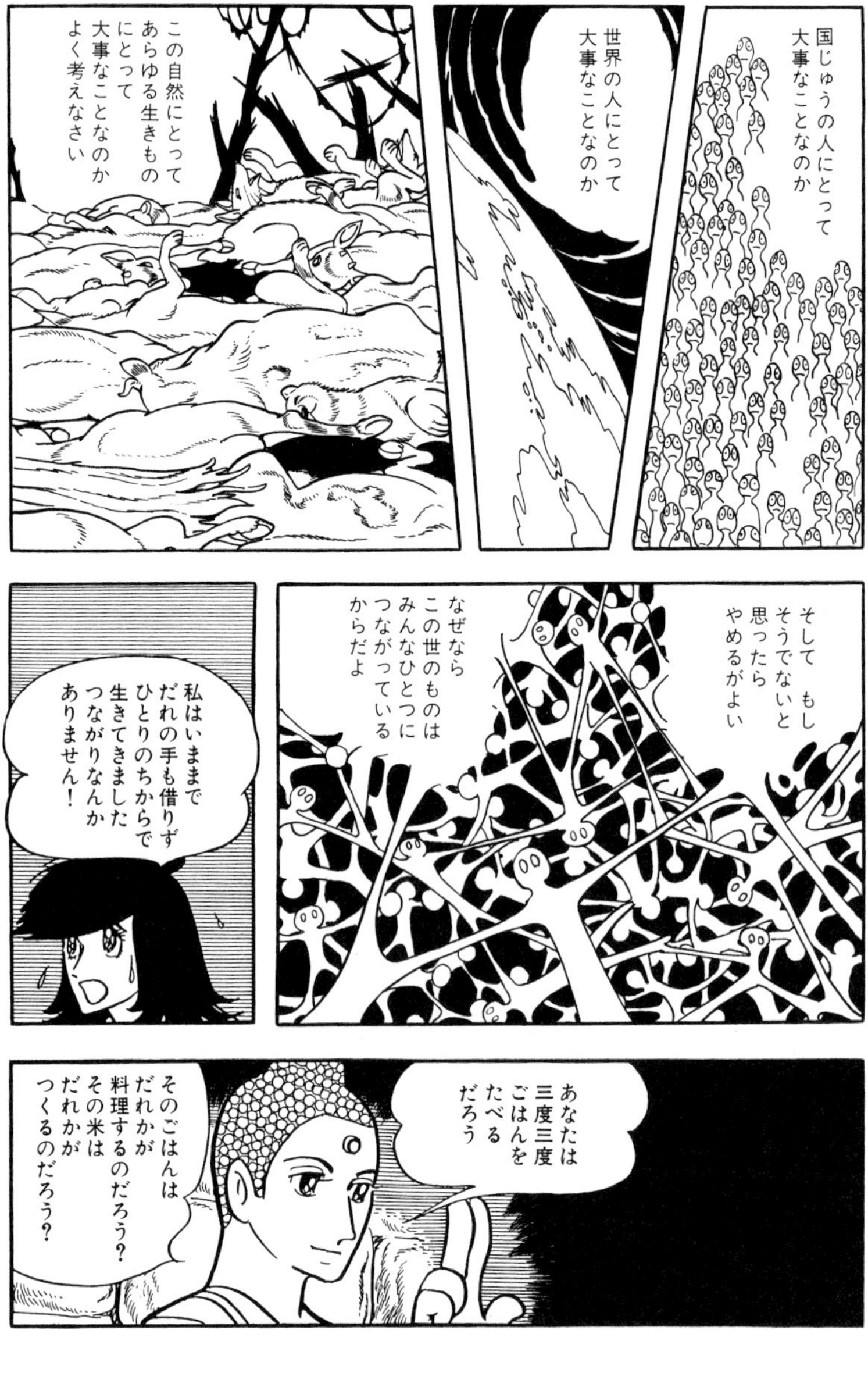
国じゅうの人にとって大事なことなのか
世界の人にとって大事なことなのか
この自然にとってあらゆる生きものにとって大事なことなのかよく考えなさい
そして　もしそうでないと思ったらやめるがよい
なぜならこの世のものはみんなひとつにつながっているからだよ
私はいままでだれの手も借りずひとりのちからで生きてきましたつながりなんかありません！
あなたは三度三度ごはんをたべるだろう
そのごはんはだれかが料理するのだろう？その米はだれかがつくるのだろう？

しかも
その米は もと
稲という草だ
だから
ごはんをたべる
だけでも
いろんな
生きもの
いろんな人たちの
恩をうけていることに
なるでしょう
だから
あなたは
ほかの生きものや
人なしでは
生きられないの
だ……
同じように
どんな
生きものでも
絶対に
自分だけでは
生きられ
ない!!

7巻 217-218P

「小さな悪」を積み重ねない。

村で説法をすることになったブッダは、公会堂に集まった村人たちにこう話しました。

「……人が心の苦しみからのがれるには八つの道を守ればよい……
正しい見かた 正しい思い 正しいことば 正しい行ない
正しい生活 正しい努力 正しい判断 そして正しい考えかたである」

この「正しさ」を持っていれば、苦しみの原因がなくなり、あなたも穏やかに働けるはず。
反対に、例えば書類の提出が遅れたり、社内の交通費をちょっとごまかして請求したり、同僚の悪口を言ったり、お酒に溺れたり……一つ一つは大きなことではないと思っていても、それが積み重なると、「悪いことだ」という感覚さえなくなってしまいます。
やがて積もりに積もった「小さな悪」は「大きな悪」となり、災いが起きてしまうのです。

「ちょっとぐらいなら大丈夫」という誘惑に気をつけましょう。「小さな悪」はやめにくく、やがて「大きな悪」となってしまいます。

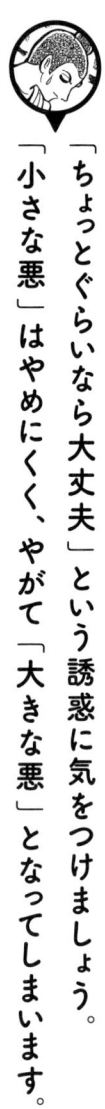

……人が心の苦しみからのがれるには八つの道を守ればよい……

正しい見かた 正しい思い 正しいことば 正しい行ない 正しい生活 正しい努力 正しい判断 そして正しい考えかたである

11巻 32-33P

自己評価は、自分にちょっと甘い。

ブッダの弟子であるダイバダッタは、自分こそがブッダの跡継ぎだと自負していました。

しかし、ブッダが後継者に指名したのは、新入りのサーリプッタとモッガラーナ。

納得のいかないダイバダッタは、ブッダに直談判して自分の有能さをアピールしたのです。

しかしこのあと、ブッダはその提案を却下し、こう返します。

「おまえはまだ修行も浅く心も定まらず
人間としての完成がない!!」

例えば仕事で、あなたが「できた」、「やりきった」と思っていても、
まわりがそこまで評価してくれない……そんな経験はないでしょうか。
それは、「自分が見る自分」と「他人が見る自分」に差があるからです。
その差を埋める努力をすれば、次からは同じ苦しみを味わわずにすむでしょう。

自分の評価は他人がするもの。自己評価より他人からの評価が
低かったとしても、それが現実だと受け止める柔軟さが大切です。

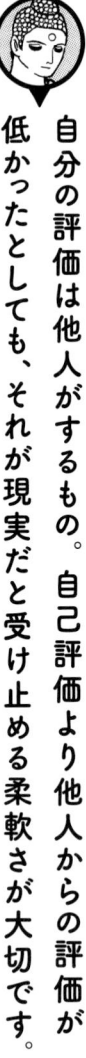

するとおまえはだれがいちばん適任だと思うのかね?
はい私ですっ
この教団の中で私ほどリーダーにふさわしい人間はいません!!
私はいままでもブッダの最高のマネージャーでありこの教団の近代化につとめてきました
私こそブッダのあとをつぐ資格がありますっ
どうかッ

10巻186P

見るべきものほど、見えにくい。

シャカ族の人々の前で話しはじめたブッダは、
木をたとえに出して、「原因を見つけ出すこと」の大切さを説きます。
どんなに天気がよくても、水をやっても、
木の下で根が腐っていたり、石が邪魔になっていたら枯れてしまう……。
人の運命もそれと同じだと語ったのです。

何かがうまくいかない時、すぐにまわりを責めるのではなく、
まずは「何が問題の根源なのか」をじっくり考えることが必要です。
誰かのミスが発端で起こったことでも、機械のトラブルがあったとしても、
突き詰めていけばほとんどの場合、あなたにもできることがあったと気づくはず。
それを踏まえて次回に活かそうと考えれば、成長しながら問題を解決できるのです。

まわりを疑うより、まず自分自身を疑うこと。
うまくいかない原因も、その解決法も、自分の中から探すものです。

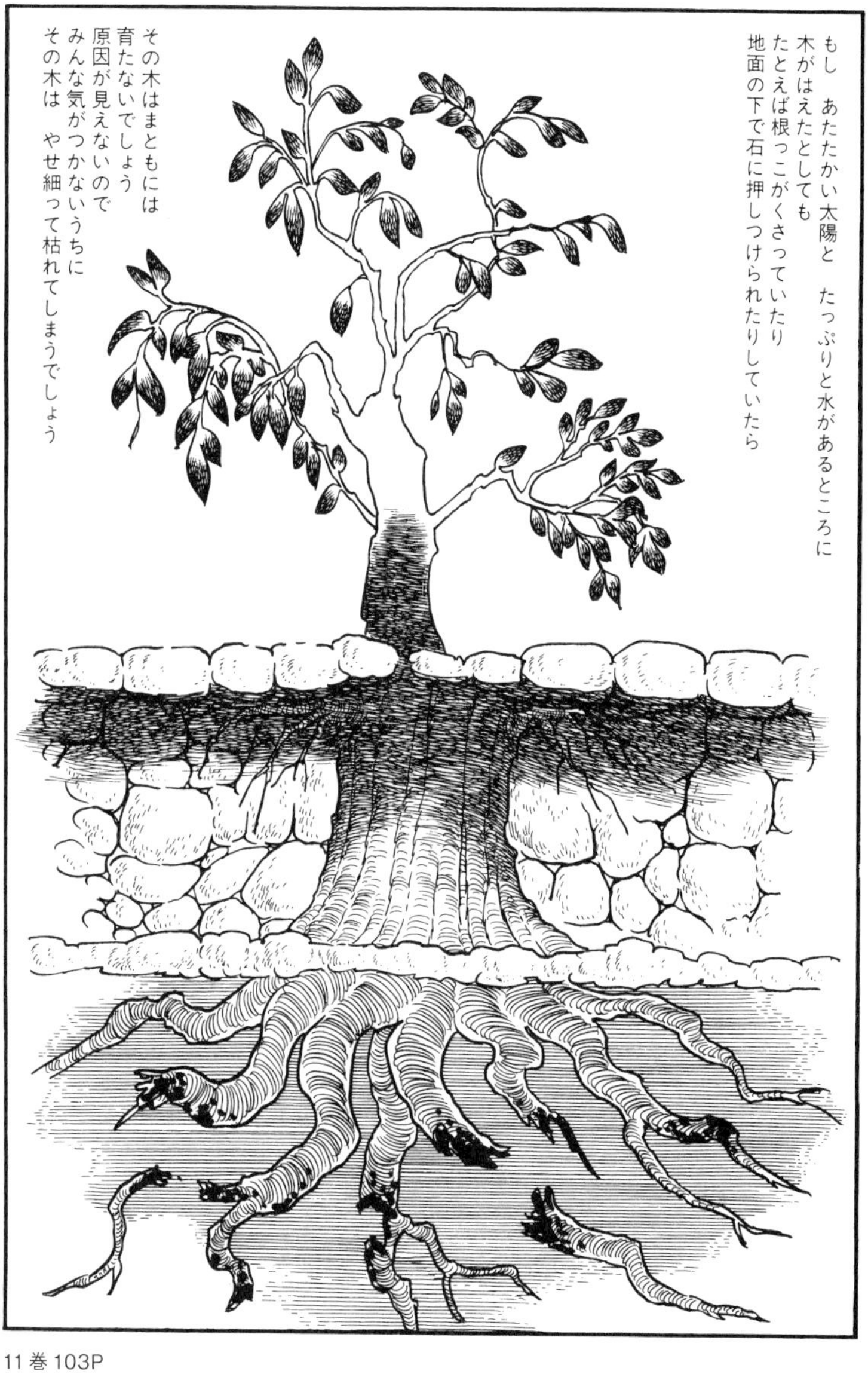
もし　あたたかい太陽と　たっぷりと水があるところに
木がはえたとしても
たとえば根っこがくさっていたり
地面の下で石に押しつけられたりしていたら
その木はまともには
育たないでしょう
原因が見えないので
みんな気がつかないうちに
その木は　やせ細って枯れてしまうでしょう

11巻103P

信じるだけでは、救われない。

ブッダとともに旅をしていたデーパは、
苦行こそが偉大な真理を見つける最善の方法だと、信じてやみませんでした。
そしてことあるごとに、嫌がるブッダに苦行を勧め、強制したのです。
デーパはその凝り固まった考えのせいで、徐々に仲間を失ってしまいます。

仕事をしていると、自分の経験や知識が増えるにつれて、こだわりやルールが生まれます。

しかし、それに縛られ、執着していると、まわりに合わせることができず、
組織の中で孤立してしまう危険もあるのです。

仕事の環境や条件、かかわる仲間は常に変わっていくもの。

変化に合わせてこだわりやルールも変える、それが自然な流れといえるでしょう。

自分のこだわりやルールの正しさを、信じ過ぎないこと。
むしろ時々疑いながら、まわりに合わせて自分自身を更新しましょう。

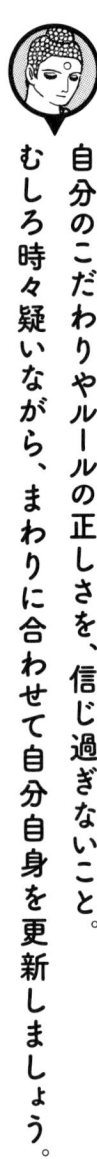

シッダルタ
こうなったら
残された道は
ひとつしかない
のだ
………
苦行林へ
はいることかい
…デーパ
ズー

※シッダルタ＝ブッダ

苦行なんて
苦しいばっかり
じゃないか
そんなことをして
からだをこわしたら
むだじゃないか
その苦しさの
中でこそ
人間は
偉大な真理を
見つけだせる
のだぞ！
ズー

5巻152-153P

喜びも苦しみも、自分から生まれる。

シカの案内で道を進むブッダの前に現れた、アージーヴィカ教のウパカ。
彼は、額のしるしを「悟りのしるし」と言うブッダに対し、誰に教えを受けたか問いかけます。
するとブッダは、こう答えたのです。

「私は私ひとり！
そして私はいっさいの迷いに打ち勝って
いっさいを悟ったのです」

例えば誰かがあなたに心ない言葉を浴びせたり、ひどい仕打ちをしたとしても、
あなたがそれを気にしなければ、迷いや苦しみは生まれません。
他人の行為に対する感情は、他人からではなく、あなた自身から生まれるからです。

まわりの言葉や行動を気にし過ぎて、心を乱されないこと。
「何が起きたか」ではなく、「どう思うか」があなたを左右するのです。

おぬしの頭のうしろに光がさしとるように見えるがなぜかな?
それとそのひたいのしるしはどういうものじゃ
これはブラフマンつまり神にいただいた悟りのしるしです
悟った?
なるほど…おぬしは見たところりっぱな行者らしいが
いったいだれに教えをうけたのかな?
私はブッダという名ですだれの教えもうけずだれの弟子でもない!
私は私ひとり!そして私はいっさいの迷いに打ち勝っていっさいを悟ったのです

8巻17P

絶好調と絶不調は、近い。

コーサラ国のブダイ将軍は、自分の命を救ってくれた奴隷・チャプラを、息子として迎え入れました。

武芸を教えられ、強さを手に入れたチャプラは女性からも大人気。

そんな彼の姿を見て、ブダイ将軍はふと心配になり、こう諭します。


「強いばかりが英雄ではないのだぞ」


例えば「プレゼンで勝つこと」、「売り上げを上げること」だけがいいことだ、と思って突き進んでいると、思わぬ落とし穴にはまることがあります。

小さなミスやまわりの不満に、気づかなくなるからです。

どんな時も、注意を怠ると心が汚れ、大きな失敗につながることを覚えておきましょう。

成功した時、自分の成長を実感している時ほど、危険な時。
自分の小さなミスや他人の不満に、目がいかなくなるからです。

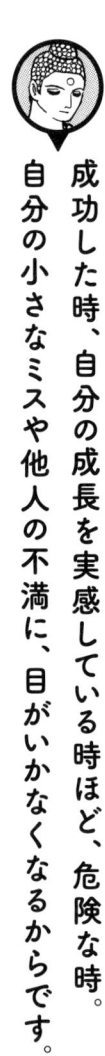

やあ おとうさん どうでした?
フン わしの若い頃にそっくりだ
チャプラさま サイン
あたしも……
やれやれ スターはいそがしいな
大臣がほめとったぞ 王杯はおまえにたまわるだろうと……
もちろんです
だがチャプラ
強いばかりが英雄ではないのだぞ
おとうさん ぼくはおとうさんの名をはずかしめない勇士になりたいと思うだけです!
それはあっぱれだが

1巻 230P

本物の「実力」は、他人から広まる。

コーサラ国のジェータ王子は、まだ子供のため、ブッダの偉大さをよく知りません。しかし、ブッダに対して好意を抱いていました。コーサラ国の大金持ち・スダッタが、ブッダのために一文無しになっても僧園をつくろうとするのを見て、「それほどブッダはすごいのか」と感心したからです。

自分の達成したことや、自分の得意なことは、どうしても人にアピールしたくなります。口に出さずとも、その優越感を態度に出してしまうこともあります。しかし、自分自身でアピールしても、人はあなたをそこまで評価しません。現場で実際にあなたの行いを見ていた人や、いっしょに働いていた人が「すごい」と思った時、誰からともなく、あなたの評判が自然と広まっていくのです。

偉そうになる自分に気をつけること。せっかくいい行いをしても、自分でアピールすれば評価を下げてしまうことがあります。

スダッタは
自分の財産の
一円まですっかり
土地を買うために
捨てました!!
その土地ってのは
ぼくの荘園でした
スダッタはそれを
ブッダのために
僧園にしようと
思ったんです
こいつったら
あなたのために
一文なしになっ
てもつくそうと
執念持ってるん
ですよ!!
ブッダ
でもね
ぼくはこの
スダッタの心に
感激したんだ
だからスダッタに
あの土地をやって
世界一の僧院を
つくらせます
おおッ
………
ぼくはあなたがどんな
えらい人か知らない
まだこどもなんだから

12巻29P

気持ちよく語る自分に、気をつける。

ブッダと初めて対面したビンビサーラ王の家来・ダイバダッタ。

彼は自分と真逆の考えを持つブッダを真っ向から否定し、自分の信念を得意気に語りました。

「殺し殺される それが生きもののオキテなんだ ただそれだけだ！

これが世の中なんだ 人生なんだ」


こう言い放ち、ブッダを言い負かそうと、その思いを次々と披露しつづけたのです。

後輩に注意をする時や、飲み会で同僚と話す時、
自分の考えや、経験を得意気に語ってしまうことはないでしょうか。
自分ではそのつもりがまったくなくても、しゃべっているのが気持ちよく感じたら、
それは自慢話や、自分が正しいと思うことを押しつけているサインかもしれません。

自慢話や自分語りをしていることに、人はなかなか気づけないもの。
気持ちよく語る自分に気づいたら、自分を疑ってみましょう。

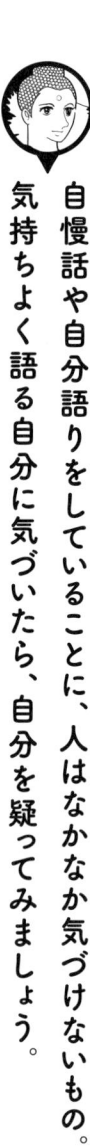

ところでうかがいますがね
その悟りというのはなんです?
敵を許すことですか?
自分が犠牲になってよわいものを救うことですか?
自分が損をしてまで他人のためにつくしたりすることですかね?
ヘッそこらへんがおかしいねえ
強いものはよわいものを食いつくしそのために戦うそれが真理じゃないですかねェ

7巻88P

殺し殺される　それが生きもののオキテなんだ　ただそれだけだ!　これが世の中なんだ　人生なんだ
ちがう!!　それはブラフマンの教えではない
戦争!!　殺人!!　奪い合い!!
世界じゅうを見たまえ　こんなことはごくあたりまえに起こってるんだ　それは生きるためなんだ!!

7巻 89P

お金を持っている人は苦しんでいる人にあたえちからのある人は苦しんでいる人をささえてやりなさい
よぶんなお金もちからもない人は……せめて相手の気持ちをくみとってかわいそうに…と同情してあげなさい

第2章
相手に対して

仕返しは、自分を攻撃するようなもの。

幼い頃、シャカ族にさげすまれた経験を持つ、コーサラ国のルリ王子。

その後、権力を握った彼は、復讐としてシャカ族を治水工事で奴隷のようにこき使います。

そんなルリ王子に対し、ブッダはこう問いかけたのです。

「あなたは復讐をしていてたのしいですか？
ああよかった!!と一度でもたのしんだことがありますか
むしろ 夜なんか苦しんでいませんか」

仕返しをすれば、相手にさらに仕返しされ、終わることがありません。

また、「相手を傷つけた」という自責の念が、あとからさらにあなたを苦しめるのです。

最大の防御は、攻撃されても相手にしないこと。攻撃された痛みより、仕返しをした後悔のほうが、あとからじわりと自分を苦しめます。

おれはシャカ族の いやしい侍女の腹から 生まれたこどもだ!
そのためにシャカ族から さげすまれ 王でありながら 奴隷の子と かげ口をたたかれた その復讐をいましているんだ いくら復讐したってたりるもんか!!
では ひとつ聞くが あなたは復讐をしていて たのしいですか?
なんだと
ああ よかった!!と 一度でもたのしんだ ことがありますか
……
むしろ 夜なんか 苦しんでいませんか
…………
苦しんで いるはずだ あなたの 顔に出て いる……

11巻77P

やり返さない勇気を持つ。

川で魚を捕ろうとしていた人々を襲い、川から追い出してしまったダイバダッタ。

人間たちに殺されかけた過去を持つダイバダッタは、彼らを憎んでいたのです。

いっしょに暮らしていたナラダッタはそれを知り、ダイバダッタを厳しくとがめます。


「追い返す……またくる……きりがあるまい」


「ミスを認めず謝らない」、「メールや電話の返事をなかなかもらえない」……。

もし、あなたがそのような目に合い、仕返しをしてしまうと、
相手も反発して仕返しの連鎖がつづいてしまいます。

相手の受け入れがたい行動をあなたがそっと受け入れた時、相手は初めて反省するのです。

そうすればどちらの怒りも徐々に静まり、穏やかな時間を取り戻すきっかけが生まれます。

恨みを消す唯一の方法、それはやられてもやり返さず、忘れること。
最初に手を下げたほうが、そのあと心理的にも楽になれます。

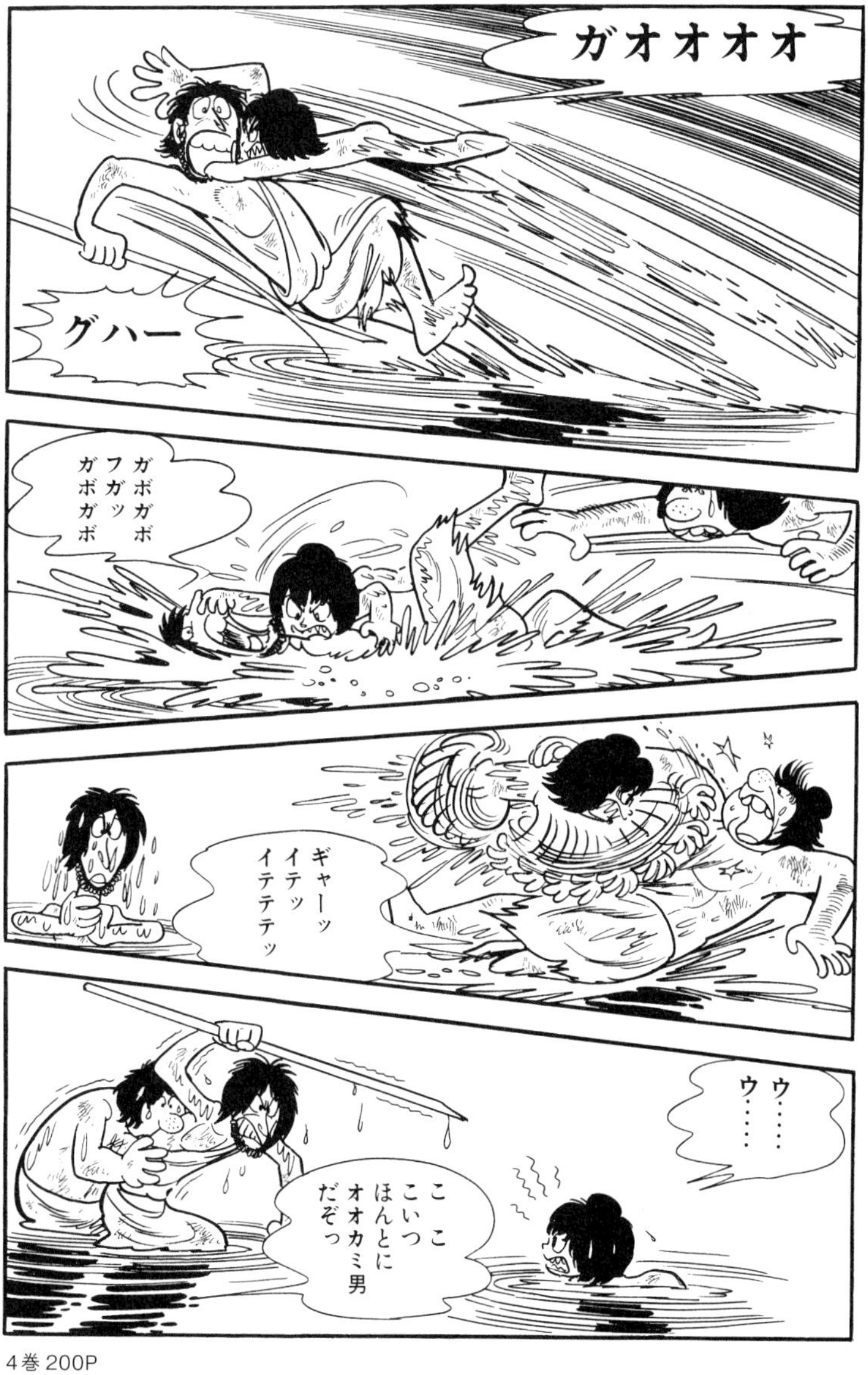

4巻 200P

ベギ
ズボッ
アギーッ
イテーッ
テテテッ
ちく
しょーッ
おぼえ
とれっ
ウォォオ〜〜〜ン

なんという
ことを
したのじゃ!!
だって
ぼくの魚を
とろうと
したんだ
もん
人間が
このまま
ひっこむと
思うのか
おまえを
殺すぞ!
殺される
もんか!
また
こらし
めて
やる
追い返す
……
またくる
……
きりが
あるまい
ここの生活は
おまえには
無理じゃ

4巻 201-202P

一瞬の「すっきり」は、次の仕返しを生む。

何者かに毒を飲まされ、声が出なくなってしまったミゲーラ。
犯人への仕返しに燃えるミゲーラの夫・タッタに対して、ブッダはこう諭しました。

「それよりミゲーラの声が出るようにしてやることがいいのではないかね？」

批判や嫌がらせ、相手のミスに怒りをぶつければ、その瞬間はすっきりします。
しかし、根本的な問題は何も解決しません。
無駄な仕返しをする前に、まずは目の前で起きている問題を解決する。
その間に怒りを静めれば、相手も次第に自分の行いを悔やみ、
お互い落ち着いて話し合えるはずです。

倍返しは、さらなる倍返しを生むだけ。
憎い相手より、目の前の問題と向き合いましょう。

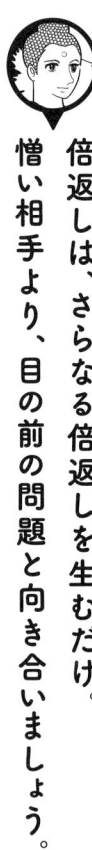

さあミゲーラ その後のことを 聞かせておくれ
じつは……ミゲーラは……毒を のまされて ものがいえないんで……
なんだって!?
どうだろう 目も見えず 口もきけねえ女なんだ ここにおいてやってもらえねえだろうか
ミゲーラを あわれと思ってくれたら……
じつに悲しい話だ
まったくで
都へもどったら どうしても犯人を ひっとらえて ブチ殺してやらア
いや それより ミゲーラの声が 出るようにしてやる ことがいいのでは ないかね?

7巻 204-205P

負のオーラを持つ人は、相手にしない。

ブッダに敵対心を持つコーサラ国のルリ王子は、ブッダに対していくつもの暴言を浴びせます。
しかし、ブッダは彼に対して言い返さず、一言「あわれな人だ…」とつぶやいたのです。

どこにも、すぐに怒ったり、悪口を言ったりする人がいます。
しかし、自分が悪口を言われた時に「むかつくから」といって反論したり、
誰かが悪口を言われている時に「無視できないから」といって話を合わせたりしていると、
自分もいつしかその「悪」に染まってしまうので注意が必要です。
最初は罪悪感があっても、徐々に仕返しをしたり悪口を言うことに慣れ、
やがてそれが悪いことであると感じなくなり、心が「悪」に慣れてしまうのです。

人は人に影響を受け、簡単に変化してしまうもの。
負のオーラより、いいオーラを持つ人と仲よくしましょう。

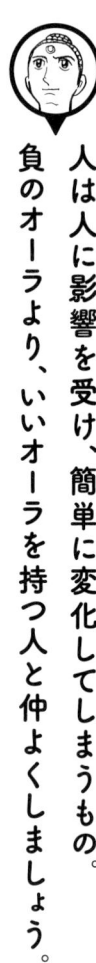

腰ぬけめ!!
なんとかいえッ このアマ茶坊主 しもブクレの インチキ聖者ッ
くされ大仏! ウオノメ頭! ラッキョオジンの耳だれ仮面! 落ちこぼれのふやけボーズ!!
こんなにいわれてもおこる気にならんのか!!
無神経野郎め 人間らしい心さえ持ちあわせていないのかっ
……ルリ王子よ あなたはあわれな人だ…

11巻75-76P

「憎い相手」は、長い目で見て許す。

かつて何人もの人を殺したことがあるアナンダ。

そんな彼に、ブッダは人を殺さないための秘訣を教えました。

「その人間はおまえが手をくださずとも
いつか自然に死んでいくのだと考えなさい」

仕事をしていると、どうしても気の合わない人や嫌いな人が出てきてしまいます。

時には嫌がらせを受けたり、悪口を言われることもあるかもしれません。

でもその恨みは、あなたの人生にとって、絶対に晴らさないといけないほど重要でしょうか。

もちろん相手は、「人生」という大きな視点であなたを攻撃してはいないでしょう。

そんな小さな相手だからこそ、長い目で見て「まあいいか」と受け流せばいいのです。

自分も、憎い相手も、いつかはこの世からいなくなるもの。
大きな視点で見てみれば、怒りも憎しみも小さいことに思えてきます。

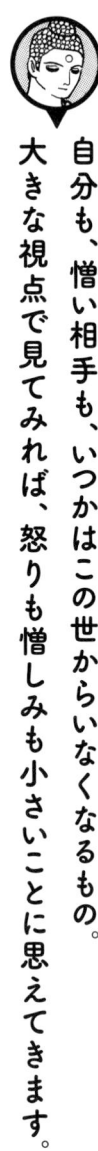

おまえが人を
殺したくなった
とき………

その人間は
おまえが手を
くださずとも
いつか
自然に死んで
いくのだと
考えなさい
大事なことは
おまえ自身がしっかり
生きていくことだ
わかるかね？

9巻 112-113P

苦手な人に、あえて近づく。

逃げるシカを射止めるスリルを楽しんでいたスッドーダナ王。

彼はある日、逃げることなく親しげに近づいてきた不思議なシカに出会います。

すると王は矢を放つことができず、それから二度と狩りをしようと思わなくなったのです。

例えばあまり気の合わない同僚がいる時、もしくは怖くて意見を言えないような上司がいる時、
できるだけ話さなくてすむように、無意識に避けてはいないでしょうか。
「嫌い」、「怖い」と決めつけず、相手のいいところを見つけてみる。近づいてみる。
スッドーダナ王を、気の合わない同僚や怖い上司に置き換えてみると、
苦手な人とのコミュニケーションのヒントが見つかるかもしれません。

自分を好きになってくれた人を、嫌いになる人は少ないはず。
苦手な人の長所を見つけ、好意をもって接してみましょう。

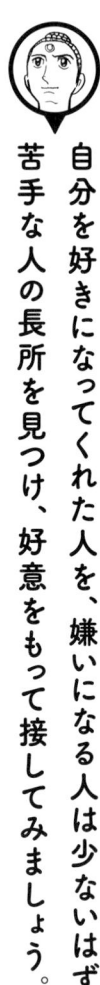

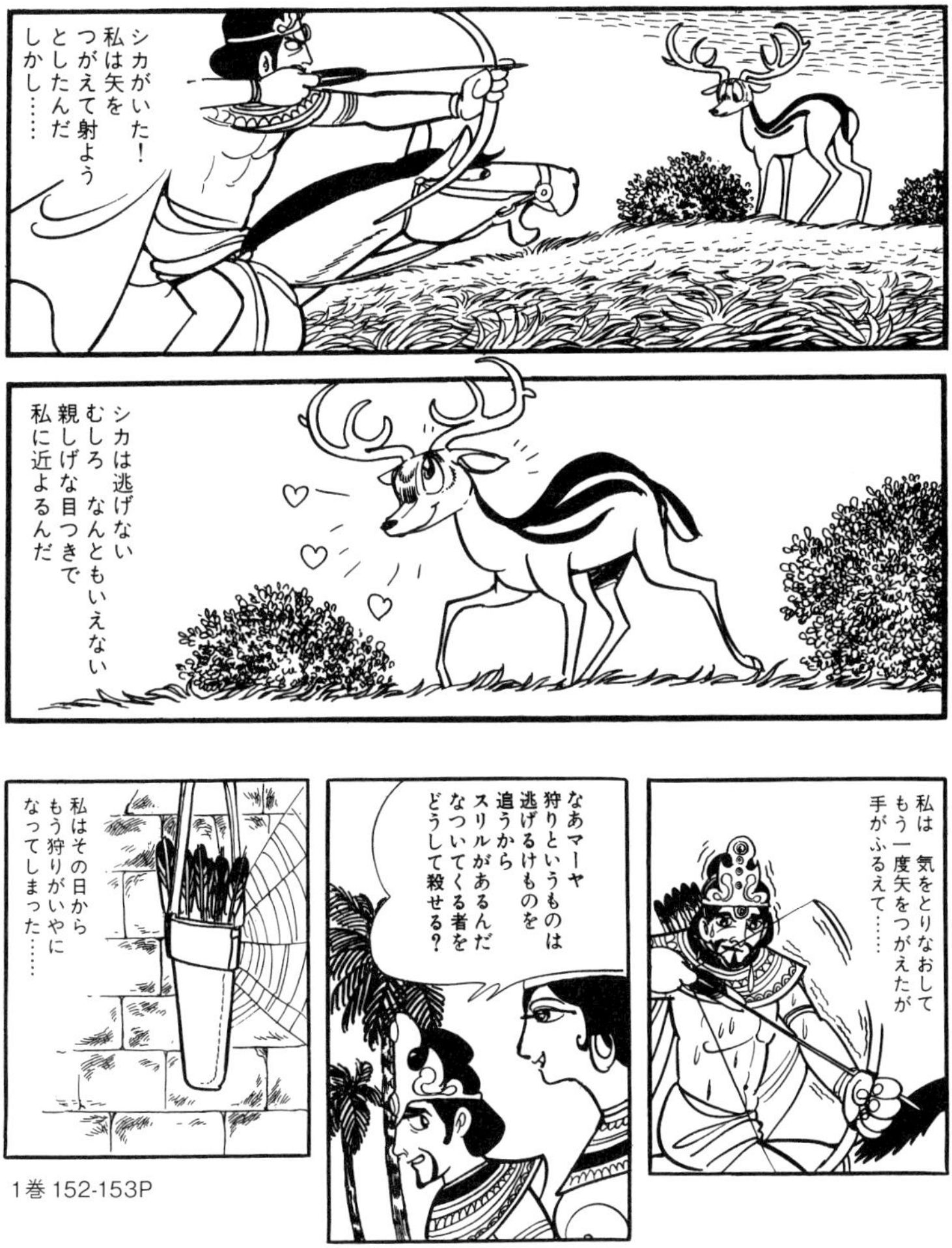
シカがいた!
私は矢を
つがえて射よう
としたんだ
しかし……
シカは逃げない
むしろ　なんともいえない
親しげな目つきで
私に近よるんだ
私は　気をとりなおして
もう一度矢をつがえたが
手がふるえて……
なあマーヤ
狩りというものは
逃げるけものを
追うから
スリルがあるんだ
なついてくる者を
どうして殺せる?
私はその日から
もう狩りがいやに
なってしまった……
1巻 152-153P

人のミスを、いつまでも責めない。

幻覚薬を飲んで狂ってしまったヴィサーカーは、ブッダと旅をつづけ、心も体も回復します。

平常心を取り戻したヴィサーカーを見て、弟子のアナンダは驚き、

「狂女とは別人みたいな感じ」と表現しました。

しかし、ブッダはこう諭します。

「もうそのことはいうな もう終わった……過去のことだ」

他人の過去のミスを指摘したり、みんなの前で話題にしたりするのに、
自分のミスを人前で話されると不快な気分になる……そんな人がいるかもしれません。

誰でも他人の失敗には厳しく、自分の失敗にはちょっと甘くなってしまうもの。

たとえその考え方をすぐには変えることができなくても、

「自分の目は自分より、他人を厳しく見てしまう」ということを、認識しておくべきでしょう。

人は自分に甘い生き物。誰かがミスをして何かを言いたくなった時は、自分のミスより、ちょっと厳しい目で見ていることを自覚しましょう。

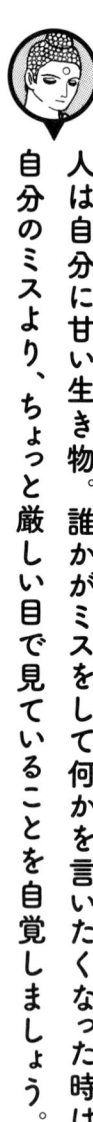

へーっ 信じられません！ まるで あの町の 狂女とは別人みたい な感じですよ
もう そのことはいうな もう終わった…… 過去のことだ

11巻 44P

信じないと、信じてもらえない。

ある教団の師・サンジャヤは、外に出て戻ってこない弟子のサーリプッタに怒っていました。

女性と浮気でもしているのでは、と勝手に疑っていたのです。

しかしその後、サーリプッタはブッダの弟子・アナンダを連れて戻ってきます。

そして、なんでも疑うサンジャヤに見切りをつけたサーリプッタと弟子たちは、
ブッダのもとへ去っていってしまったのです。


部下の仕事が気になって、「ちゃんとやっているか？」、

「どうなってる？」としつこく聞いてしまうと、

「信じてもらえていないんだろうか」と、部下もあなたを疑ってしまいます。

一度仕事を任せたのなら、フォローはしても、過度に口出しはしないことが大切です。

相手を疑うと、自分も疑われることを心に刻んでおくこと。
任せる勇気を持てば、部下もあなたも成長します。

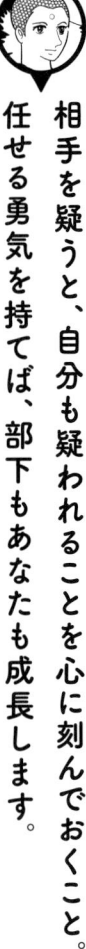

二キロほど先をサーリプッタがもどってくるのを感じます
なにっ やっと帰ってきたか
何かあったのにちがいないわ
だれかといっしょです
ほれみろ!! もうひとりは女のコだろう
サーリプッタめ この頃色気づいてきたと思ったら ちゃんと 浮気をしおってからに…
師よ 彼をなぜ そうお疑いになるのですか
あんなりっぱな男はいないのに
わしの主義は信じないことだっ
世の中は疑いにみちみちておるっ なんでもホイホイ信じれば いずれとんでもないまちがいをしでかす!!
サーリプッタをむかえにいってつれの女を追ッぱらえっ

10巻158P

「相手＝自分」の気持ちで。

森の中で動物たちを次々と矢で射止めるバンダカ。

そんな彼を目がけて、ブッダは矢を放ちました。

「なぜおれを殺そうとした？」と怒り、問いつめるバンダカに、ブッダはこう答えたのです。

「…殺されるものの気持ちになってほしかったんです……」

自分がやられて嫌なことは、相手にやらない。
小学生でもわかるような簡単なことですが、
毎日の仕事で実践できている人が果たしてどれほどいるでしょうか。
相手の気持ちを想像し、嫌だと思うことはしない。他人にもさせない。
人は誰でも、傷つけられることに怯《おび》え、傷つけば悲しむのですから。

相手の気持ちを想像するクセを身につけること。あなたの思いやりが、相手の思いやりを生み、お互いの幸せへとつながるのです。

おれは世界一の弓の名手なんだ 前にコーサラ国のチャプラとかいう勇士と勝負したことがあるが そいつもものの かずではなかったぞ
いいかね シッダルタ 弓がうまいということは ものすごく生きがいを感じることなのだぜ
ぼくはそうは思わないけど……
いま なんていった？
弓って人間やけものや鳥を殺す武器でしょ
敵に勝つ武器だっ
敵を追いつめる武器！

2巻 204P

敵に命乞いをさせる武器
ウフフフフ
そしてどんな敵も殺せる理想的な武器だっ
もうやめてっ
殺すのをやめてっ
やめるものかこのたのしさはおまえにはわからん！

2巻 205-206P

「勝ち負け」に支配されない。

ビンビサーラ王から、ブッダに会ってみるよう促されたダイバダッタ。
しかし彼は、うわさで聞いていたブッダの教えに納得がいっていませんでした。
そしてビンビサーラ王に自らの信念を告げたのです。

「この世の中は食い合いであって
生きるためには自分が勝つことだ」

仕事において、勝ち負けをまったく意識しないで働くことは難しいでしょう。
しかし、不必要なライバル意識や競争は避けるべきです。
勝てば恨みを買い、負ければその苦しみに悩まされてしまいます。

相手に勝とうとするより、相手とともに幸せになろうと考えること。
誰かを敵視すれば、自分も敵視されることになります。

私は小さいころ私の師匠から弱肉強食ということを教わりました
この世の中は食い合いであって生きるためには自分が勝つことだ
それで？
陛下の忠実な家来タッタはシッダルタという男の教えを聞いてなさけ心を持ったそうですが…
シッダルタ…あれはりっぱな男だそちも一度会ってみるとよい
なさけ心なんて…つまらないことです
まったく気がしれません
他人を助ければ自分も助かる………そんなたわけたことを教えるやつはどうかしてるのさ…——そんな教えを守ってたら損ばかりするよ

7巻 79P

相手の長所をきちんと褒める。

ビンビサーラ王から、隣国との決闘に参加するよう依頼されたタッタ。
本当は闘いたくないタッタが、同席していたダイバダッタに文句を言うと、彼はこう返しました。

「用意周到なおまえのことだ
決闘の相手をあらかじめちゃんと見ておいて
計算をするだろうからな」

するとタッタは、ぶつぶつつぶやきながらもすんなりと決闘相手の偵察に向かったのです。

相手の長所を褒めれば、相手は「自分を認めてもらえた」と考え、自信を持ち、さらにその長所を伸ばそうと努力します。
また、褒めてくれたあなたに好意を持ち、いい関係を築くことにもつながるのです。

相手を褒めることは、相手の長所を伸ばすこと。
他人を評価する時は、ちょっと甘めぐらいがいいこともあります。

バーロー おりァな ことわるって いったんだ ぞッ
そうおこるな ここは ひきうけて おいたほうがいい
もし 負けたら どうするんだい 責任おわねえ ぞ!!
用意周到な おまえのことだ 決闘の相手を あらかじめ ちゃんと見て おいて計算を するだろうから な
チェッ
いい気なもんだ 殺し合いする身にも なってみやがれ!
コーサラからきた 商人かい おい コーサラ国の決闘者って どんなやつだい

7巻 105-106P

「おだてる」と「褒める」は違う。

マガダ国のアジャセ王子は、初対面にもかかわらず
「お小さいのにしっかりしていらっしゃる…」と言うダイバダッタに、
こんなきつい言葉を浴びせました。

「おだてるやつにろくな人間はおらぬ」


相手をおだてる人は、見返りを求めている人。

相手を褒める人は、自信や気づきを与えてくれる人。

あなたの長所をしっかり褒めてくれる人は、
同時に短所も見抜き、きちんと指摘してくれるはず。

その人こそがあなたにとって、ともに成長することができるかけがえのない仲間なのです。

本心ではなく、下心から言葉を発する人と付き合わないこと。
どんな仲間を選ぶかで、あなたの心は穏やかにも、苦しくもなります。

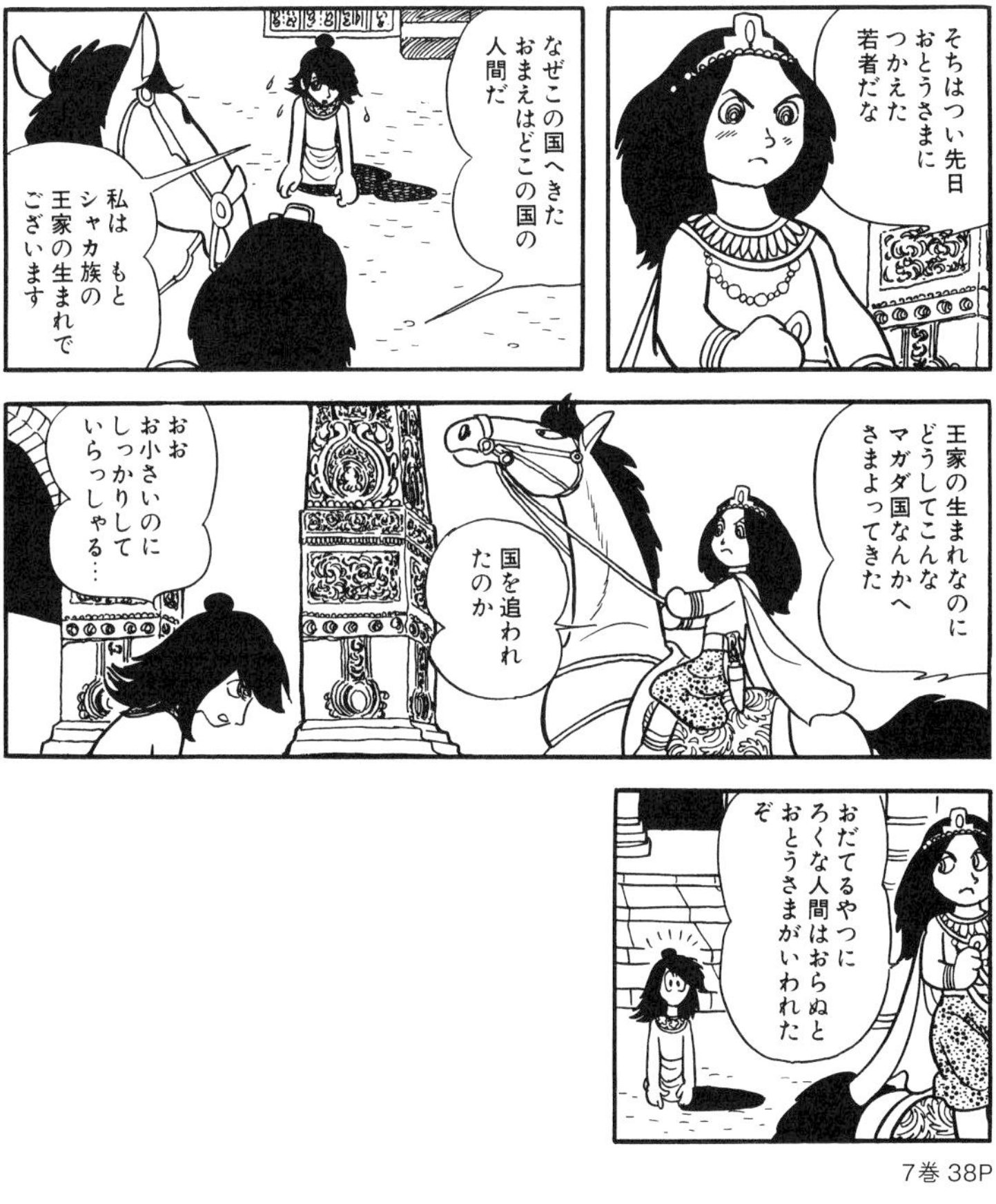
そちはつい先日おとうさまにつかえた若者だな
なぜこの国へきたおまえはどこの国の人間だ
私は　もとシャカ族の王家の生まれでございます
王家の生まれなのにどうしてこんなマガダ国なんかへさまよってきた
国を追われたのか
おおお小さいのにしっかりしていらっしゃる…
おだてるやつにろくな人間はおらぬとおとうさまがいわれたぞ

7巻 38P

耳を閉じると、相手は口を閉じてしまう。

シカに案内されて歩くブッダに出会ったアージーヴィカ教のウバカ。
彼は「悟りを開いた」と言うブッダを疑い、いくつもの質問を投げかけます。
そして、ブッダがきちんと答えるたびに、難癖をつけたのです。
そんなウバカを見て、ブッダはこうつぶやきます。

「心のかたくななバラモンたちより
一般の民衆のほうが 私の話に耳をかたむけてくれるだろう」

上司、先輩はもちろん、後輩からも学ぼうという気持ちを、あなたは持っているでしょうか。
本当に賢い人は、まず自分自身が未熟であることを認め、
そこから「もっとよくなりたい」と願い、人の意見を聞き、成長をつづけているのです。

「聞く耳持たず」は、もったいない。「話しても無駄」と疎《うと》まれ、
助言や指摘をもらえなくなり、自分の成長も止まってしまいます。

では 聞こう！
その鹿の みちびく ところへいって おぬしは 何をなさる？
さあ 何を始めますか ……世界じゅうの人々に 私の悟りを教えます
世界じゅうの 人間が 相手だと？
ウハハハハハ ウハハハハハハ 大言壮語も いいところよ
本来 悟り なんてものは 他人には話せる ものではない！
おぬしは どうやって 自分の悟りを 他人にわからせ る？
フフフ… とても ムリ ムリ
心のかたくななバラモン たちより 一般の民衆の ほうが 私の話に耳を かたむけて くれるだろう

8巻 18-19P

「おせっかい」か、「アドバイス」か。

ブッダは大勢の人々の前で説教を聞かせる際、

「煩悩の火」が見えるひょうたんを手に入れた少年の話を例に挙げました。

ひょうたんをくれた老人から、

「人間が長生きしたければ煩悩の火を消すがよい」と忠告を受けたその少年。

しかし彼は、その言葉をまったく気にせず、欲に任せて自分のお店を繁盛させることに熱中し、
不注意による火事で、全財産を燃やしてしまったのです。


あなたの欠点を指摘してくれる人は、あなたの可能性を広げる人です。

もちろん自分のダメなところを聞くことほど、耳の痛い話はないかもしれません。

しかし、その話をきちんと聞いて直せば、未来の不幸を減らすことができるのです。

あなたの欠点を見抜く人の話に、耳を傾けること。
「うるさいな」と思うのは、その指摘が間違っていないからなのです。

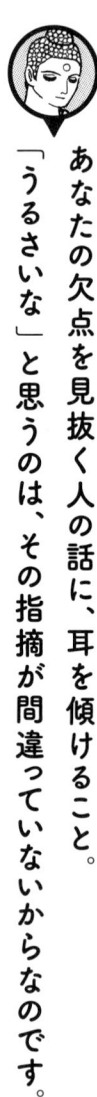

人間が長生きしたければ煩悩の火を消すがよい
あんた仙人かい?
それはいっさい欲を出さず自然のままに生きることじゃ
このひょうたん買ってやるぜ!
女の子に見せてビックリさせんだ
金払やいいんだろ?
それは売りものではないおまえさんに進呈しよう
よいか? それで見て おまえさんが火でそっくりつつまれるように見えたら用心なされ
アッハ……いっちゃった
あーあうちの主人たら欲ぼけでどうだい
主人のおかみさんもよく燃えてらア
しかしこのひょうたんはおもしろいなー
大量生産して売りだしたらもうかるぜ
どうせみんな燃えてるんだ! 燃えろ燃えろ

9巻 213P

敵の「皮肉」を、「助言」に変える。

「生きものは殺さない　たとえそれが毒虫であろうと」

ブッダは自分たちの教団の考えを、殺人鬼・アヒンサーに伝えました。

しかしブッダを嫌う彼は、「歩く時に虫や草を踏んでいるではないか」と言い返します。

するとブッダは反論せず、アヒンサーの言葉を踏まえて、
若い草や生まれたばかりの虫が地面にいる雨期の森を、歩きまわらないように決めたのです。


人からの指摘や皮肉に対して、怒るのは簡単です。

しかし、それがただの悪口ではなく、考えようによっては正しい意見の場合もあります。

そんな時は怒りに任せて言い返さず、冷静にその意見を参考にするほうがお互いにとって幸せです。

何より人は意見を聞いてくれる人を、嫌いになりにくい生き物ですから。

「皮肉」の中に、チャンスあり。苦手な人や嫌いな人の言葉は、
時にあなたに足りないものを教える「金言」の可能性があります。

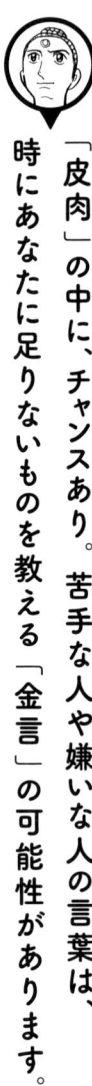

アヒンサーよ 私の教団は どんなことが あっても
生きものは 殺さない たとえ それが毒虫であろうと
へっ!! うまいこと いうぜ
虫も殺さ ねえだと?
うそを つけ!!
おまえさんたちは 雨期に ぞろぞろ森を 歩きまわる 雨期には 若芽の草や 生まれた ばかりの 虫がいるんだ
それを おまえさんたちは ふみつけて 殺してるじゃ ないか!?
さァ どうだ これでも殺生は しねえというのか

10巻64P

そうか
虫や草を殺せるんなら
人間だって同じだろう!?
アヒンサー よく忠告してくれた たしかに おまえのいうとおりだ……
私は いつも弟子たちに五戒を守らせている 五戒のうち いちばん重要なのは不殺生戒《ふせっしょうかい》だ
生きものを殺さない いましめ これが不殺生戒だ
今後は雨期には森を歩きまわらないようにしよう
そしておまえの忠告を忘れぬようにこのいましめをアヒンサーと呼ぼう
バカな………
………

10巻65P

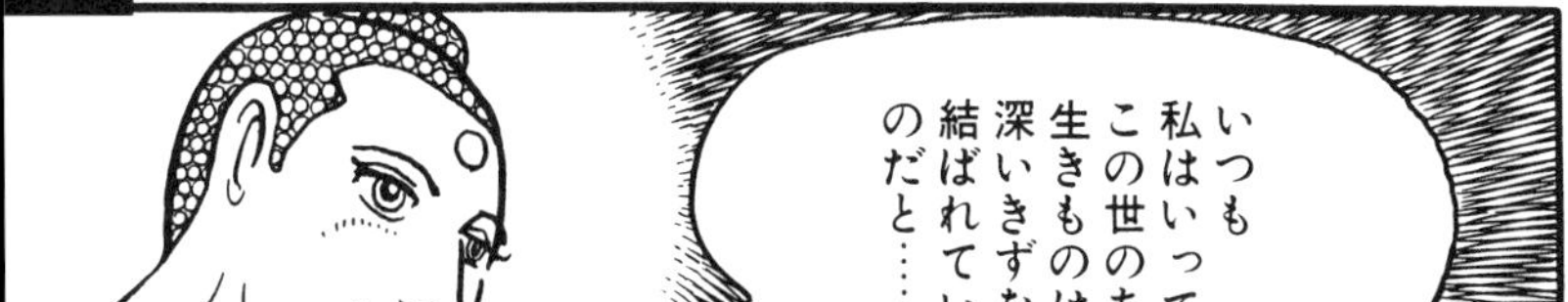
いつも
私はいっているね
この世のあらゆる
生きものはみんな
深いきずなで
結ばれている
のだと……

第3章
組織の中で

自分のために、相手に尽くす。

「自分が生きていくためには
他人が生きていく手伝いもしてやりなさい
それがきっと自分の一生にむくいられてくるはずだ」

ブッダはシカたちの前で説いたこの教えを、自らも実践します。
凶暴な毒アリの巣に落ちた子ジカを見つけた時、
彼は危険を冒して救い出し、毒アリに噛まれて重傷を負ってしまいました。
すると、シカたちが意識を失ったブッダをなめつづけ、傷を治したのです。
その後もシカたちは、子ジカを救ってくれた恩をずっと忘れませんでした。
ブッダが矢で狙われた時は、彼らが盾となってブッダを守ったのです。

情けは人のためならず。仕事で困っている人の悩みを聞いたり、手伝ったりすれば、巡り巡っていつか自分が助けてもらえます。

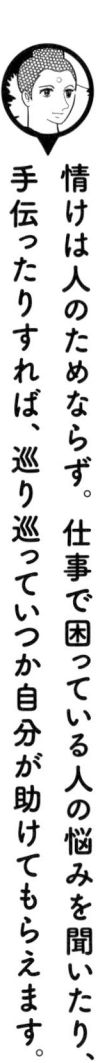

おまえたち鹿よ
おまえたちは自分が生きていくために
自分のことの心配しかしていないだけどそれはまちがいなのだ自分が生きていくためには
他人が生きていく手伝いもしてやりなさい
それがきっと自分の一生にむくいられてくるはずだ

8巻 68P

人を思うことは、自分を思いやること。

ワニに囲まれてしまったリータを救うため、自らがオトリとなったブッダ。

今にも襲いかかろうとしていた何匹ものワニを前にして、ブッダはこんな話を説きはじめます。

「この世の中は助け合ってできているのだ
おまえたちが何かになさけをかけてやれば
何かがおまえたちを助けてくれるのだ」

誰かがミスをして、手伝わなければいけなくなった時、あなたはどんな気持ちになりますか。

「カバーしてあげなければ」と積極的にフォローするか。

「なんで私がやらなきゃいけないんだ」と後ろ向きな気持ちになるか。

その心は、あなたがミスをした時の、まわりの心といっしょなのです。

他人のつらさを、積極的に分かち合うこと。仕事のミスを責めるか、フォローするかで、あなたへのまわりの対応も変わります。

しかもそのワニは わしの飼っている 恐ろしい 番ワニですぞ
腹がへったら 人間だろうが ドラえもんだろうが かぶりつくやつだ
なのに あなたは そいつらに のってきた！
このワニたちは 私の話を 聞いてくれたのです
うそをつけ!!
私は話しました おまえたちが 河へはいったものをおそって たべるのは 生きるために しかたがないことだ ろう……
だが もし おまえたちが 河へはいってくるものを かたっぱしからすっかり たべてしまうと……

9巻175P

いまにみんなこわがってこの河へ近づかなくなって
おまえたちはたべものがとぼしくなって飢え死にしてしまうかもしれない
この世の中は助け合ってできているのだおまえたちが何かになさけをかけてやれば何かがおまえたちを助けてくれるのだ
たとえばおまえたちの歯のそうじをしてくれる千鳥のことを思ってごらんあの鳥たちがいないとおまえたちの歯は肉がこびりついてすぐくさってしまうだろう
こういった話を聞かせました……

――私の話を
ワニたちは よく
わかってくれたようでした
うそつけっ
ワ ワニに
そんな話が通じる
もんか!!
ハーン
ワニに妖術を
かけたんだな?
そーだ
あなたが
食われ
ないのは
そのせいだっ
ちがいます
この雨で水かさがまして
上流から魚がいっぱい
流れてきたんです
ワニは
その魚を
腹いっぱい
たべたのです
満ちたりたワニは
もう危険では
ありません
みんな友だちに
なりました

9巻 176-177P

自分の幸せだけを追わない。

ブッダは後年、自分のもとにやってくる人々に、このような教えを説いています。

「自分の不幸を 自分の苦しみをなおすことだけ
考えるのは心がせまいのだ
家のこと みんなのことを考えてみなさい」

忙しくなってくると、目の前の仕事に追われ、まわりに目がいかなくなります。

また、仕事で悩みがあると、「なぜこんな目に……」と思い、そのことだけを考えてしまいます。

そんな時、例えば見えないところで同僚や部下に迷惑をかけていないか、
親やパートナーに家事などを任せすぎていないか、見まわしてみることが必要です。

自分の仕事に夢中になるのは大切なことですが、それが人生のすべてではないのですから。

自分の仕事を言いわけにして、まわりへの気遣いを怠らないこと。仕事に没頭したり、あれこれ悩めるのも、まわりの支えがあるからです。

自分の不幸を
自分の苦しみを
なおすことだけ
考えるのは
心がせまいのだ
家のこと
みんなのことを
考えてみなさい
だれでもいい
人間でもほかの生きものでもいい
相手を助けなさい
苦しんでいれば救ってやり
こまっていれば
ちからを貸してやりなさい

12巻201P

「不幸」に敵味方はない。

兵士が放った矢を受け、深い傷を負ってしまったデーパ。
かつて彼と仲間だった僧たちは、倒れたデーパを見て「もうダメだろう」と見放していました。
しかしブッダは一人、デーパを心配します。

「この重いきずをうけて血を流し…死と必死で闘っているこの男を
りっぱな人間と思わないだって!?」

こう哀れんだブッダは、過去にデーパからひどい仕打ちを受けたことがあるにもかかわらず、
彼を助けるために自分の血を分け与えはじめたのです。

嫌いな人に不幸が起きたとき、「それ見たことか」と喜ぶことは簡単です。
しかし、その悪い気持ちは日々醸成され、あなたの心を支配し、やがて不幸を呼んでしまいます。

誰かに悪いことが起きたら、敵味方関係なく心配し、助けること。
そんな当たり前の心を失うと、あなたの心はやがて黒く染まります。

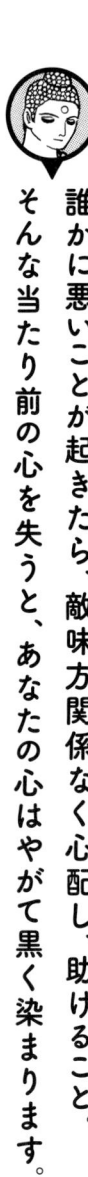

しっかりしろ
おまえは運の強い人間のはずだろう どんな苦行にもたえただろう がんばれ! 死ぬんじゃないぞ
のオ デーパはあなたにひどい仕打ちをした人間ですよ
あなたを殺そうとまでしたんだ なのになぜあわれんでやるんですか?
……
いわゆる天命ってやつだよ もうダメですよ
正直いって私はこの男をそれほどりっぱな人間とは思っとりませんでな
よくもそんなことがいえたな
この重いきずをうけて血を流し…
死と必死で闘っているこの男をりっぱな人間と思わないだって!?

8巻122P

助けた人の数だけ、助けてもらえる。

「あなたがだれか苦しんでいる人のことをあわれんだとき
同じように別の人がきっとあなたについて
あわれんでくれているはずです」

ブッダの教えを聞いていたアジャセ王子は、
父であるビンビサーラ前王を幽閉し、死なせてしまったことを後悔していました。
死ぬ間際、アジャセ王子に幽閉されていたにもかかわらず、
彼を心配しながら母の腕の中で亡くなった父・ビンビサーラ前王。
アジャセ王子はそのことを思い出し、地面に手をつき、泣き崩れます。
そして、父のために盛大な国葬をすることを決意したのです。
それは自分のことを最後まで思ってくれた父への、せめてもの償いなのでした。

あなたが誰かを助ければ、苦しい時には誰かが助けてくれるはず。
「依存」ではなく、「共存」で成り立っているのが組織なのです。

慈悲！
どんな人の心にも宿っているはずです
だからあなたがだれか苦しんでいる人のことをあわれんだとき
同じように別の人がきっとあなたについてあわれんでくれているはずです
…あ…あの子をうらむな……あの…あの子は…かわいそうな…子だ……
……父上……
あなたがだれかを助けたら今度は別の人があなたをきっと助けてくれましょう

12巻211P

人は、人の温もりなしでは働けない。

アジャセ王は、部下のダイバダッタを兄のように慕っていました。

毎日ダイバダッタがつくるドリンク剤を飲み、精力を養っていたアジャセ王でしたが、ダイバダッタが死ぬとその薬が切れてしまったせいか、頭に大きな腫れ物ができてしまいます。

それを見たブッダは、「薬か切開が必要」と言う医者・ジーワカに対し、こう反論したのです。


「この男に欠けているのは……たぶん人の手のあたたかさだ!!」


他人のミスや対応の悪さから、仕事が増えてしまった時、

「一人でやっていたらこんなことにはならなかったのに」と思うことはありませんか。

しかし、本当に一人だと、成功をいっしょに喜ぶ人も、フォローしてくれる人もいません。

仕事はまわりの人とつくり上げ、支え合い、喜び合うものなのです。

まわりの存在に感謝すること。自分一人でできる仕事には限りがあり、人と協力する仕事には無限の可能性と喜びがあります。

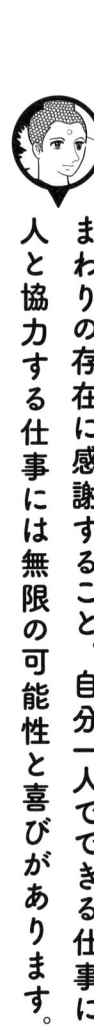

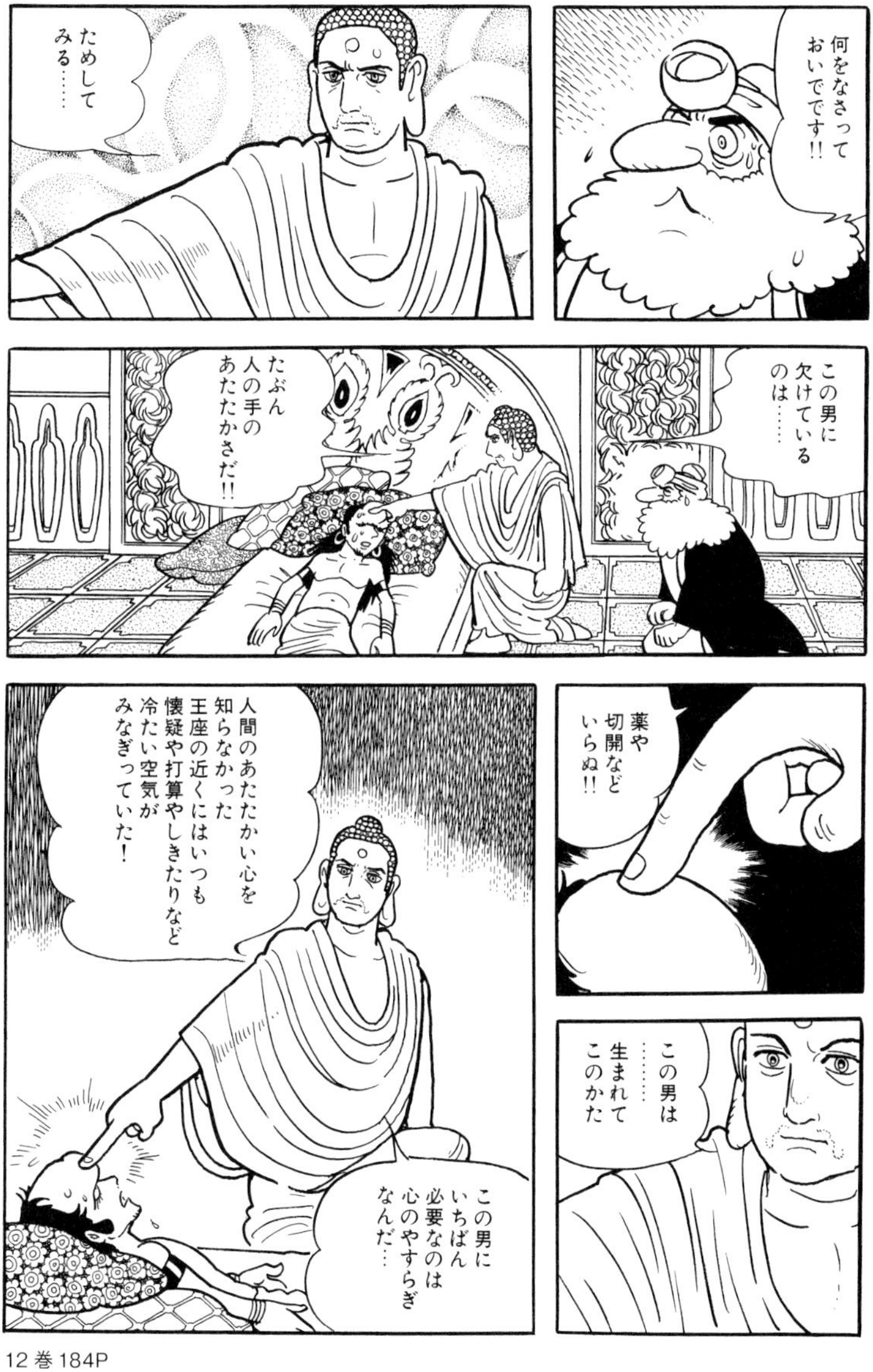

何をなさっておいでです!!

ためしてみる……

この男に欠けているのは……

たぶん人の手のあたたかさだ!!

薬や切開などいらぬ!!

この男は……生まれてこのかた
人間のあたたかい心を知らなかった王座の近くにはいつも懐疑や打算やしきたりなど冷たい空気がみなぎっていた!

この男にいちばん必要なのは心のやすらぎなんだ…

12巻184P

ブッダはそれから毎日十二時間もアジャセの頭に指をあてつづけた　しかも三年もつづけたのである　三年間も!!
では陛下……また明日
すこし腫れがひいたように見えますぞ
ブッダ一日ぐらい休まれたらいかがかと…
グォ…ウ…ウ…ア…ウ…

一日も休めない！
いま休んだらまたもとにもどってしまう！
なんでや
ハラゲーイどの
私が指一本を王にあてているのは王に私の心を伝えたいからです
どうしても伝えたい!! それが…亡き前王との約束なのですから！
陛下！もうすぐ腫れも消えます!!
もうしばらくのご辛抱
では明日…
ブ…ウ… ブ……ブ…… ブッダ……
ニコッ
王がはじめて微笑《ほほえ》まれた

12巻 188P-189P

「立派な人＝好かれる人」ではない。

町の長者・ヴィサーカーは、騎士・スカンダの婚約者でした。
しかし、ヴィサーカーはブッダに恋をしてしまったのです。
「なぜだ?」と問うスカンダに対し、ヴィサーカーはこう答えました。

「あなたはりっぱな騎士よ
でも……心がかたくなすぎて愛情がとぼしかったの……」

男女の恋愛だけでなく、仕事の人間関係もそれは同じこと。
役職がどんなに上でも、仕事がどんなにできても、どんなに真面目でも、
人に好かれるかどうかはまた別の話なのです。

正しさ、立派さを追うあまり、まわりの気持ちを無視しないこと。
人は「正しいかどうか」より、「好き嫌い」で判断するものなのです。

……なぜ……
私という いいなずけが ありながら…
そのとおりよ あなたとは 婚約しまし たわ
でも それは 前に 国王さまが 決められたん でしょ…
男と 女のあいだって そんなに 単純な もんじゃ ないわ……
あなたは りっぱな 騎士よ
でも……心が かたくなすぎて 愛情がとぼし かったの……
私 愛情が ほしかった のに……
ヴィ サーカー

5巻 78-79P

新しい環境で、「理不尽」はつきもの。

ブッダの教団に新しく加わったサーリプッタとモッガラーナ。

二人のことをブッダは「跡継ぎ」と言い、歓迎しました。

しかしもともと教団にいた弟子たちは、それが面白くありません。

口々に不満や愚痴をこぼしはじめます。


新しい職場に配属された時、受け入れる人たちは「どんな人が来るだろう」と、期待と不安をもってあなたを迎え入れます。

中には、上から目線でいろいろ言ってくる人がいるかもしれません。

しかし、もともといる人たちは、少なからず「職場の先輩」という自負があります。

どんなにあなたが能力的に優れていても、彼らのやり方を学び、まわりと合わせる努力をしなければ、結果的にあなたが苦しい思いをしてしまいます。

新しい職場では、厳しい目で見られたり、ねたまれることもあるもの。
理不尽でも「それが現実」と考え、受け入れる寛容さが必要です。

あなたがたを待っておった…
ずっと以前から
私たちもおなじです あなたにおつかえし あなたの教えを ひきつぐように
運命が私たちとあなたを結びつけました
さあ! ふたりを菩提樹の下へ案内してくれ
ええっ だってあそこはブッダの寝起きなさる場所ですよ
いったいブッダはどういうつもりだい!!
先輩のお弟子たちをおいてあの新入りのふたりを上座にすえるとはね!
そもそもランクからいうとこのわしなんかトップの座なんだぞ

10巻178P・180P

世の中より、あなたの中に答えがある。

父であるコーサラ国王の命令によって、シャカ族を滅ぼしに行こうとしていたルリ王子。
「闘いたくはないが、親に背《そむ》いてはならない」と考え、進軍していた彼に対し、道の途中で出会ったブッダはこのように諭します。

「たとえ王だろうとバラモンだろうと
信じていないのなら従うことはない！」

さらにそのあと、彼はこう伝えたのです。

「あなたはあなたの本心をたよりにして
ゾウのようにひとりで堂々と歩くがよい」

ルリ王子はその言葉に心を打たれ、そのまま軍を引き揚げたのでした。

人の意見を参考にはしても、振りまわされないこと。
「あの人が言ったから」は、仕事では最大の禁句なのです。

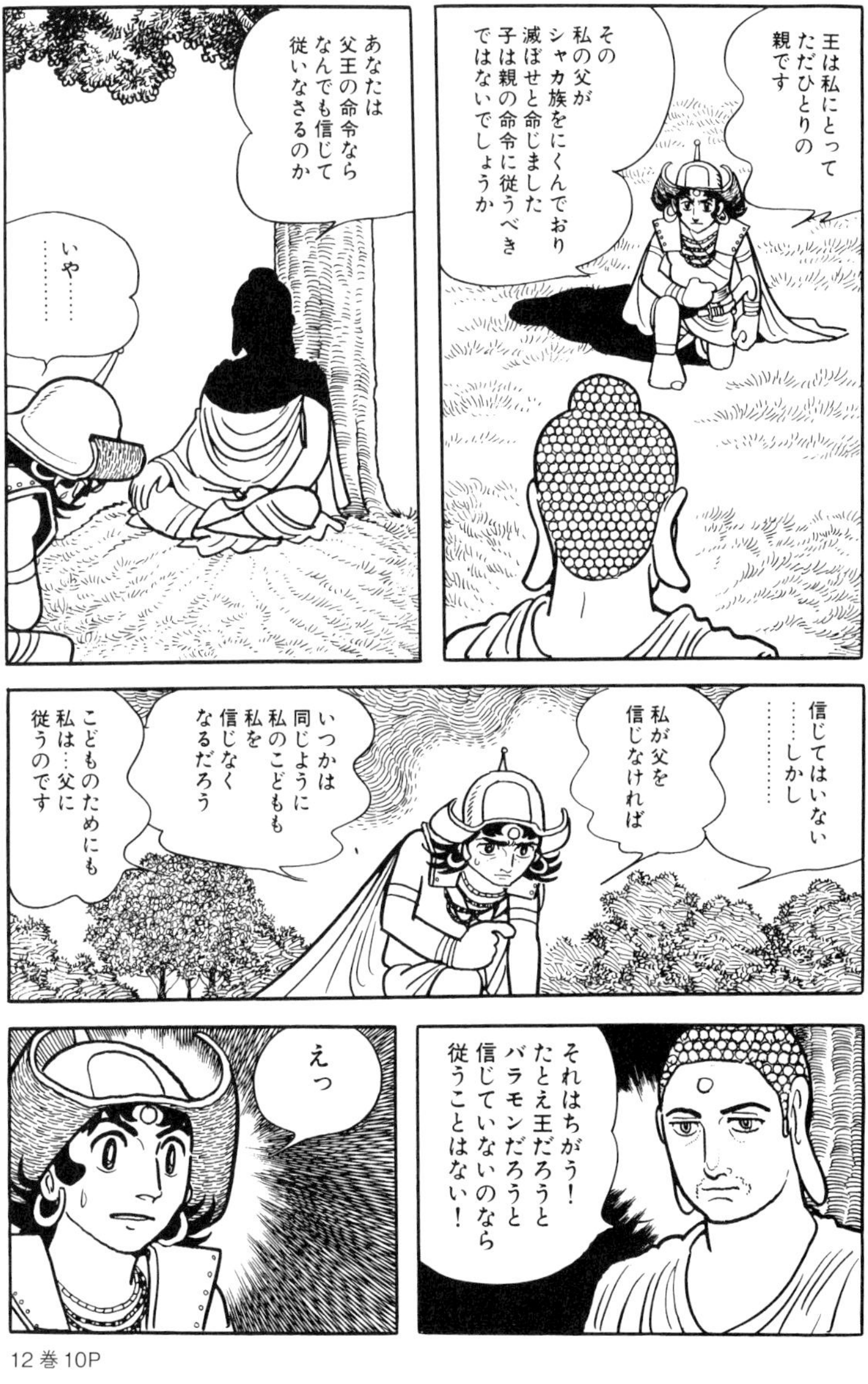
王は私にとって
ただひとりの
親です
その
私の父が
シャカ族をにくんでおり
滅ぼせと命じました
子は親の命令に従うべき
ではないでしょうか
あなたは
父王の命令なら
なんでも信じて
従いなさるのか
いや……
……
信じてはいない
……しかし
……
私が父を
信じなければ
いつかは
同じように
私のこどもも
私を
信じなく
なるだろう
こどものためにも
私は…父に
従うのです
それはちがう！
たとえ王だろうと
バラモンだろうと
信じていないのなら
従うことはない！
えっ

12巻10P

「イヤイヤ」やっては、意味がない。

長旅の途中、急に倒れてしまったブッダ。

彼の様子を見た弟子たちは、口々にブッダを心配します。

しかし弟子の一人は、ブッダの命がもう長くないと知ると、

「わしらは解放されたんだ」と喜んだのです。


勉強も仕事も、取り組む姿勢次第で結果はまったく変わります。

例えば上司の言葉を、「教え」と受け入れるか、「圧力」と考え不満に思うか。

後者の姿勢をつづけてしまえば、評価は下がるばかりです。

耳の痛い話でも、やりたくない仕事でも、一度受け入れてしまえばたいてい前に進みます。

問題なのは、上司の言葉や仕事内容ではなく、それをかたくなに拒みつづける自分自身なのです。

「やる」と決めたら、ポジティブに。いいオーラを出していれば、
自分だけでなく、まわりの心も明るくなり、組織全体が活気づきます。

ああ…これで らくになった……

アナンダ… ブッダのおかげんはどうだね？

正直いって もう 長くは もちそうに ないのだ……

というと………… もう…ダメなのか？

そうともいえないが なにしろ…ブッダに 病《やまい》をのりこえようとするご気迫がもうないんだ
そんなに？

ついに…ついに わしたちは師を失うのか…

では もう 師のちからは失われたんだ わしらはもう師の圧力なんかないわけだ
わしらは 解放されたんだ 何をしたって 自由だぞオ

12巻238P

徹夜のための徹夜をしない。

かつて苦行を好んで行っていた僧たちは、苦行を否定するブッダを馬鹿にしていました。
しかし、ブッダは苦行の無駄を、こう説きます。

「修行者は無理に苦行をして……
自分で自分を傷つけたり苦しめたりして………
それで一生を終える人もある
それは一生を遊びほうけて好き勝手なことをして
ノタレ死にする人々とちっともかわりはないのだ
むだな人生という点で！」

これを聞いた僧たちは、「苦行第一」の考えを改めるようになったのです。

「苦しむこと＝いいこと」と信じ、むやみに苦しい道を選ばないこと。
それは「がんばっているアピール」にもなり、評価を下げてしまいます。

私たち
生きものは
なにも
なやんだり
苦しんだり
して　一生を
すごしてるんじゃない
そんな
一生は
送っても
意味がないと
思わないかね？
ところが
修行者は
無理に
苦行を
して
……
自分で
自分を
傷つけたり
苦しめたり
して……
それで
一生を終える
人もある
それは
一生を
遊び
ほうけて
好き
勝手な
ことをして
ノタレ死に
する人々と
ちっともかわりは
ないのだ
むだな
人生
という
点で！

8巻 71-72P

それは今やるべきことか。

毒矢を受けて倒れている人が、「だれが犯人か」、「どんな弓で矢を放ったのか」をまわりに聞いているうちに、毒がまわって死んでしまった。

……修行者たちと話していたブッダはこんな事例を挙げ、つづけて言いました。

「世界が滅びるかどうか気にしているうちにぼくは死んでしまう
だからこそ生きてるうちに………やりとげなくてはならないんだ」

例えばクライアントを怒らせてしまった時、責任をなすりつけあっても意味はありません。

クライアントの怒りは収まらないからです。

まずやるべきことは、相手の怒りの原因を見つけ、その問題を解決すること。

「誰のせいか」など、意味のない議論に時間をかけては、仕事は前に進みません。

**問題が起きた時に大切なのは、「誰が悪いか」より「何が悪いか」。
最初の対応を間違えると、無駄な議論が延々とつづいてしまいます。**

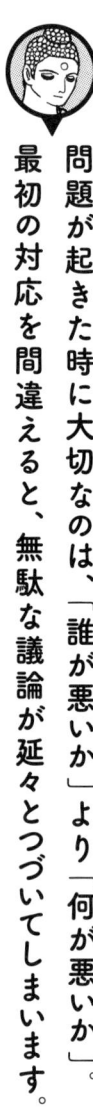

この矢を
射た人は
王さまか
バラモンか
スードラか
その人の名は
なんといって
背の高い人か
低い人か
その人の
皮膚は
白か黄か
黒か
村人か
町の人か
弓は
ふつうの
弓か
強弓か
そう聞いて
いるうちに
毒がまわって
その人は死んで
しまったそうだ
これと同じことだ
世界が滅びるか
どうか気にして
いるうちにぼくは
死んでしまう
だからこそ
生きてるうち
に………
やりとげ
なくては
ならないんだ
どうだね？
ウム…
おそれ
いりました

3巻252P

「頑固者」と「意志のある人」は紙一重。

幼い頃、姉と母、そして大切な仲間をコーサラ国の兵士に殺された経験を持つタッタ。彼はコーサラ国を憎むシャカ族の一味とともに、コーサラ国と闘うことを決心します。シャカ族のヤショダラ姫が必死で止めても、タッタは考えを変えません。こうしてタッタたちはコーサラ国に無謀な闘いを挑んでしまい、あえなく敗退。彼らは帰らぬ人となってしまったのです。

頑固に言い張る人と、自分の考えを貫く人は、一見同じように見えて、明確に違います。前者は他人の意見に聞く耳を持たず、まわりから「付き合いにくい」と見放された人。後者はいい意見を受け入れ、悪い意見には振りまわされず、まわりから「強い意志がある」と評価された人。つまり、人とのかかわり方の違いが、「頑固者」と「意志のある人」の違いなのです。

貴重な意見と、そうでないものを取捨選択する目を持ちましょう。まわりの意見を軽く見ていると、人はどんどん傲慢になっていきます。

いま この国は貧しく たべものも着るものもとぼしく みんなつかれきっています!!
だからこそ 一生けんめい国をたてなおす時機なのですよ!! 戦争なんか…おろかしいことです!!
滅びるなんて そんなこと…… やってみなきゃわかんねえでしょ
戦いなんか反対の人たちも大勢いますよ
お願いだから そんな…無意味な戦争は…やめて
おきさきさま あっしゃね いったん心に決めたら とにかく やらなきゃ気がすまねえンです
鉄は熱いうちに打て 焼きだんごは熱いうちに食えと ソ ソクラテスもいってまさァ
タッタどの…… この国のきさきとしてのたのみです 思いなおしてください
……騎士ベーランダが大将ですから そっちのほうへたのんでおくんなさい
……………

12巻63P

「ルール」に縛られるか、守られるか。

スードラ（奴隷）の身分であったせいで、親を殺されてしまったヤタラ。

彼は人を階級に分ける制度をつくった人々を憎んでいました。

ヤタラを追ってきた兵士にその憎しみを訴えると、「シキタリなんだ 世の中の！」と言う兵士。

しかし、ヤタラはその言葉にこう反論したのです。

「ちがう!! シキタリ つくったの にん 人間だっ
おれ 身分 区別するやつ にくい!!」

仕事のルールやマニュアルは本来、人を守ったり、効率を上げるためのもの。
しかし、それがあるせいで窮屈に感じる人が何人もいるのなら、
時代や組織の変化に合わせて変えていくことも必要です。

いつものルールやマニュアルを、定期的に疑うこと。
ルールを守ることが仕事になっていては本末転倒です。

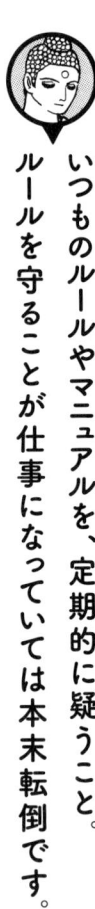

おれ おれは ス スードラなんか つくったよ 世の中 にくい!!
にくいの だーっ
つまらんことをいうなっ そんなことはしかたがない シキタリなんだ 世の中の!
世の中じゃなく自分をにくむんだな せいぜい!
ちが ちがう!! ちがう!! シキタリ つくったの にん 人間だっ
おれ 身分 区別するやつ にくい!!

6巻173P

真面目な人が馬鹿を見る組織にしない。

ブッダは旅の途中、岩場でしわくちゃのおばあさんに出会います。
彼女は、息子に捨てられ、歩けずに座っていたのです。
そんな仕打ちを受けたにもかかわらず、息子を責めずにかばうおばあさん。
ブッダは思わずこう叫びます。

「捨てられたほうが捨てたほうをかばうなんて狂ってる!!」

がんばっているのに、人がよくてなんでも任され、損ばかりしている人。
そんな人が会社やまわりにいないでしょうか。
正しい行動をしている人が、苦しみつづける組織になっていないか、
楽をしている人が、成果を独り占めしていないか、きちんと見直すことが必要です。
正しい人が、あなたのまわりからいなくなってしまう前に。

正しい人が、正しく評価される組織をつくること。
正義が損をする組織に未来はありません。

す…捨てられたんだって!? いったいだれに? なんでこんなひどいことを!
あい せがれにですじゃ
しようがないのですわえ これも運命とあきらめておりますじゃ
血も涙もないひどいやつだ! おかあさんを捨てるなんて…悪魔に食われてしまえっ
せがれ夫婦には八人もこどもがありましてな ただでさえひもじいくらしじゃでばばは おらんほうがよいのじゃ
いったいどうなってるんだ 捨てられたほうが捨てたほうをかばうなんて狂ってる!!
お若い旅のお人 ばばはもう年をとりすぎました

3巻 51P

「うわさ」、「批判」に振りまわされない。

ブッダの弟子が増えるにつれ、彼をよく思わない人々も増え、いろいろなうわさも広がります。

そしてとうとう、ブッダの教団への反対運動がはじまってしまったのです。

しかし、ブッダは動じません。


「うわさが根も葉もなければ　そんなうわさはすぐ消えるだろう」

このように話し、目を閉じて事態を静観したのです。


身に覚えのないうわさ話や批判は、どんな時も必ずつきまとうもの。

同じことをしても、「いい」と言う人と「悪い」と言う人、いろいろな人がいます。

自分が正しいと思う行動であれば、まわりに振りまわされず、堂々と進めましょう。

どんなに優秀でも、心優しくても、批判されない人はいません。
褒められても、けなされても、一喜一憂しない強い心を。

反動宗教
ブッダ追放せよ
ワッ
ワッ
わが子をかえせ!
家族をかえせ
ワッ
反対
ワワワ
私鉄値上
運賃反対
ブッダ教団粉砕
うる
うるさい
うるさいぞ
ブッダ
悪口いう
悪口いわれる
ことない
ないのだ
あんまり
ひでえことを
いうから
こらしめて
やろうと…
やめなさい
ほうって
おくがいい
うわさが
根も葉もなければ
そんなうわさは
すぐ消えるだろう

10巻199-200P

教えていても、教わっている。

悩める大男・ヤタラに対し、彼の生きるべき方向を優しく説いたブッダ。

お礼を言って去るヤタラを見ながら彼は、ふと、こんなことに気づいたのです。


「私があの男にしゃべったことばは 私が自分自身に教えたんだ！」


人に自分の考えを熱心に伝えたり、後輩に仕事を丁寧に教えると、頭の中が整理されます。

つまり、誠意をもって人と話すことは、自分自身の成長につながるのです。

同じように、人はいつでも意識次第で自分を改善することができます。

例えばなかなか意見を譲らない人に対して、「頑固だなぁ」とあきれるだけか、

「自分も同じことをしていないだろうか」と自分自身を省みるか。

どんな時も自分の内面と向き合えば、心が整理され、一歩前に進むことができるのです。

人と話すことは、自分と対話すること。どんな言葉も行動も、自分の心がけ次第で新たな成長の糧となります。

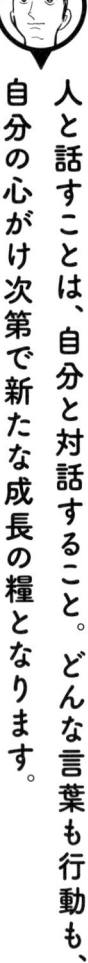

あり…ありがとさん
なんという ことだ……
私が ひとにものを 教えるなんて ……
私が あの男に しゃべった ことばは
私が 自分自身に 教えたんだ! おお…… 私の心の とびらが いま 開いたぞ!!

6巻 245P・248P

「デキる人」より、「幸せにできる人」。

サーリプッタとモッガラーナの二人を、後継者として教団に迎え入れたブッダ。
先輩弟子であり、自分がブッダの後継者だと思っていたダイバダッタは、
それを受け入れられずブッダのもとへ訴えに行きます。
「合理的に運営できる人がリーダーになるべきだ」と言うダイバダッタに、
ブッダはこう答えたのです。

「それよりも 私は人々の安らぎとしあわせのために
ちからをつくす人を選ぶ……」

組織のリーダーは、売り上げや人事などを広い視野で見られる人でなければなりません。
しかしもっと大切なのは、自分のことではなく、組織や部下のことを第一に考えられるか。
その視点がなければ、「自分勝手なリーダー」と言われ、人の心はどんどん離れてしまいます。

人のために尽くせる力が、リーダー力。ただ仕事ができても、
人を思う心がなければ、誰もついてきてくれません。

いろんな意見いろんな立場があります
だから統率者はみんなから選ばれなければなりません!!
選ばれた人はこの教団を合理的に運営していける人でなければなりません
それよりも 私は人々の安らぎとしあわせのためにちからをつくす人を選ぶ……

10巻184P

突き放し、包み込む。

ブッダは予言者を探す役目を、過去に何人もの人を殺した経験を持つ弟子・アナンダに命じます。

自分が外に出たら、恨みを持った人々に襲われるのでは、と心配するアナンダ。

それでもブッダは、何年かかってもいいから探すよう命令しました。

しかし、ただ命令するばかりではありません。

出発前のアナンダのもとへ別の弟子を送り、糞掃衣《ふんぞうえ》（仏弟子の正装）を渡したのです。

アナンダは大いに喜び、ブッダのために意気揚々と予言者を探す旅に出かけます。


後輩にアドバイスをしながら、つい感情的になって怒ること。

悩んでいる部下、結果を出した部下を飲みに連れていき、おごること。

どちらのシーンでも大切なのは、そこに相手を思う「愛」があるかどうかです。

アメとムチに「愛」を込めること。「愛」があれば人は自然と集まり、なければ徐々に離れていくものです。

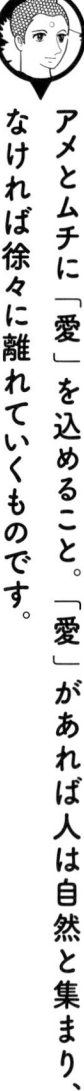

いや　セーニャ　これは　あなたの仕事ではない
アナンダにやらせます　アナンダでなければできないのです
ブッダ　お　おれが　この精舎から外へ出ると　おれの顔を知ってる人たちが　おれをつまはじきにし　追いまわすでしょう
おれはどんなめにあうかも……
アナンダ！　このつとめは　おまえの重要な修行なのだ
何年かかってもよい　ぜひその人をさがしてくれ
やりとげれば　おまえは一人前の須陀洹《しゅだおん》となれるぞ
いきなさい
おいアナンダ
ブッダがこれをおまえにって
糞掃衣《ふんぞうえ》(仏弟子の正装)じゃんか!!
ブッダはな……　おまえをとくに信頼していらっしゃるんだぞ

10巻136-137P

譲ると見つかる、幸せもある。

かつて有り余るほどのお金を持ち、遊びにも女性にも困ることがなかったスダッタ。

彼はブッダに出会ってから、すべての財産を投げ打ち
ブッダたちのための僧園をつくることを決心します。

次第にスダッタは、お金も部下も失い、汚い小屋で貧しい生活をすることになりました。

すると、裕福な暮らしをしていた頃よりも、ずっと楽しく暮らせていることに気づいたのです。


一度権力を握ったり、ある程度の地位を築くと、今度はそれを守りたくなるもの。

まわりに目を光らせ、自分の地位を守りつづけるのは、とてもつらく、苦しいものです。

その苦しみから解放される方法の一つに、「譲る」という選択があります。

人に奪われれば「失った」と感じるものも、自ら手放せば「譲った」と感謝されるのですから。

地位や権力を、苦しみながら守るより、譲るのも選択の一つ。
まわりはあなたに感謝し、あなたも楽になれるのです。

いいかげんにしろ そんなことまでして一生なにがたのしいんだ おまえバカか
いいえ たのしいったらこんなたのしい人生はございません
財産を持っていたときはいつその財産がなくなるかとられるかという心配で
一日とても心が安まりませんでした
だけど いまはなんにもないのです それだけいっさいの苦しみがなくて毎日 じつにたのしいのです

11巻275P

馬鹿にする人は、馬鹿を見る。

シカに道を案内させて歩いていたブッダを馬鹿にするアージーヴィカ教のウバカ。
しかし、ブッダはシカがどんなに尊い存在であるかを、このように説きました。

「けものは人間のような欲や迷いがないでしょう
つまりけものは本来 神に近いものでしょう」

彼はシカの外見にとらわれず、内面の素晴らしさに惹かれていたのです。

自分のことだけを考えているとなかなか気づきにくいことですが、
あなたが付き合う人を選ぶように、まわりの人も誰と深く付き合うかを選んでいます。
あまり目立たない人を「地味だから」と言って軽く扱ったり、
人気のある人や見た目のいい人にだけ、いい顔をしていると、いつか孤立してしまいます。

見た目や地位で人を判断しないこと。
心を許せる仲間かどうかに、見た目や地位は関係ないのです。

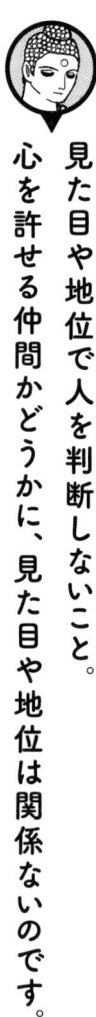

この男… そうとう ホラを ふくな…
じゃあ これから どこへいかれる
この鹿の みちびく ままに…
鹿に 道案内をだと？ 悟ったお方が けだものにみちびかれていくのかね？
フフフ… チグハグじゃな
けものは人間のような 欲や迷いがないでしょう つまりけものは本来 神に近いものでしょう
私は あらゆるけもの あらゆる鳥 あらゆる虫 魚そして木や草も 友だちにしています だから尊敬します
ウ

8巻 17-18P

身分やメンツと決別する。

死んだ母が奴隷の身分であったことを恥に思い、隠したがっていたコーサラ国のルリ王子。
彼は母を供養して、貴族の身分を与える祭りを開こうと考えます。
しかし、ブッダはその行為を真っ向からこう否定します。

「あなたは体裁とかメンツばかり気にしておられるようだ」

「部長さんなんですね」、「大手にお勤めですね」という言葉は、
相手ではなく、役職や会社を評価しています。
反対に「後輩から慕われていますね」、「いつも協力的ですね」という言葉は、
相手自身を評価している証。
メンツだけで人を評価しつづけていれば、自分と似た人がまわりに集まってきてしまいます。

役職がなくても、会社が大きくなくても、見下したり、卑下しないこと。
「恥ずかしい」と思うことのほうが、恥ずかしいこともあるのです。

供養をやるからには
金をかけ
貴族や有名人を呼び
最大級のお祭をやるつもりだ
おれにも
プライドが
あるっ
そんな中で
おれの母が
奴隷出身だった
なんて
公表できるかっ
……だから
母に貴族の身分をあたえ
奴隷から出世させる
今後母のことを
奴隷だといいふらす
やつは………
即刻死刑だっ
母君に
そんなことをしたって
なんの解決にも
なりはしません
なんだと!?
王子よ　あなたは
体裁とか
メンツばかり
気にしておられるようだ

11巻153P

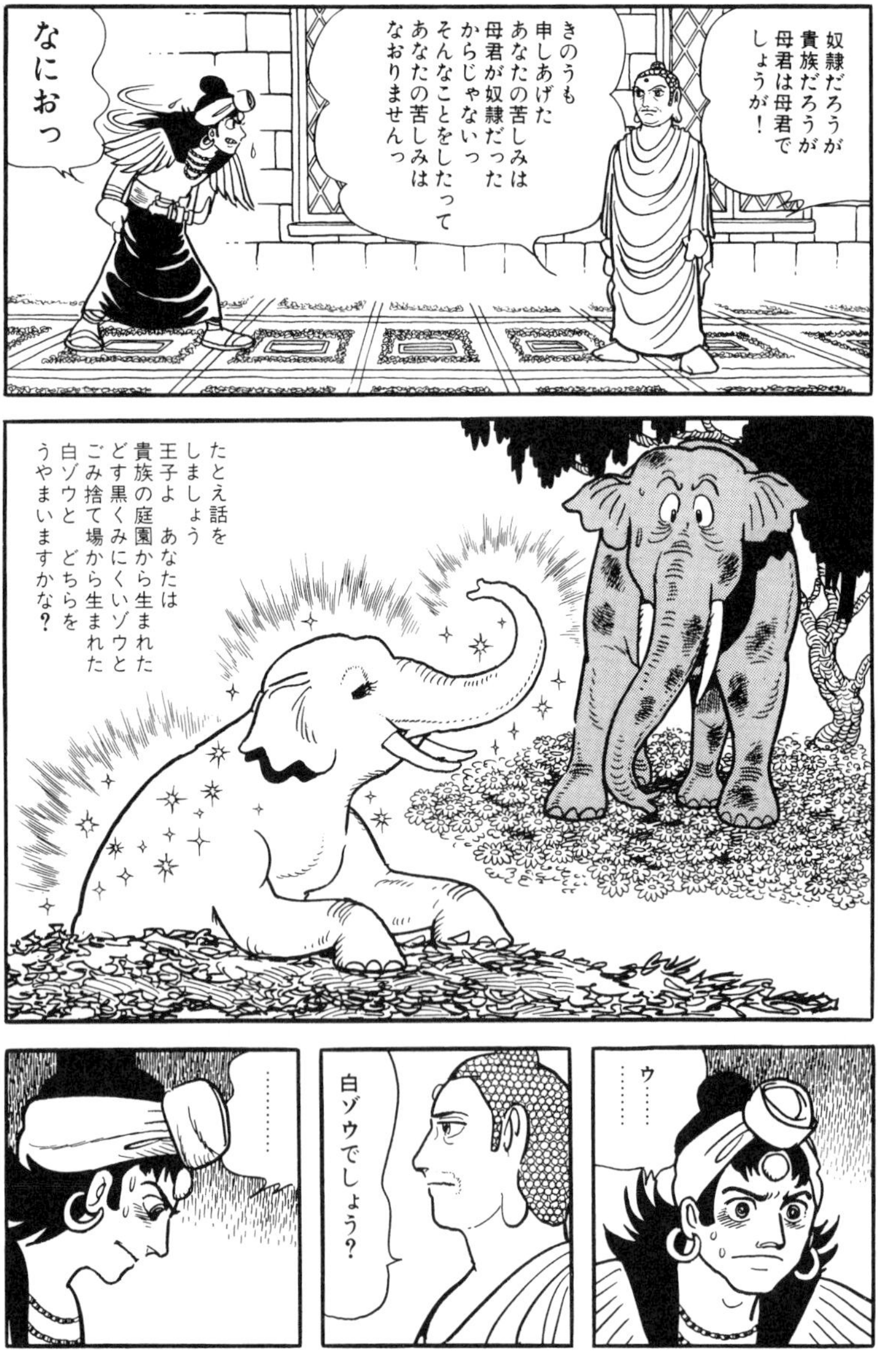

奴隷だろうが貴族だろうが母君は母君でしょうが！

きのうも申しあげたあなたの苦しみは母君が奴隷だったからじゃないっそんなことをしたってあなたの苦しみはなおりませんっ
なにおっ
たとえ話をしましょう王子よ　あなたは貴族の庭園から生まれたどす黒くみにくいゾウとごみ捨て場から生まれた白ゾウと　どちらをうやまいますかな？

ウ……

……

白ゾウでしょう？

……

11巻154-155P

ごみ捨て場で生まれようと庭園で生まれようとゾウはゾウなのです! 人間も同じだ 母君は奴隷女だったといわれるが
どう生まれようとどういう身分だろうとあなたの母君は母君だ なにがはずかしいのか!?

きょう恐ろしさを ごまかせても あした また 恐怖がやってくる かもしれない

むしろ 恐怖に身を まかせて……
その中で やすらぎを 見つけるのだ

第4章

苦しみについて

「変わる」という苦しみを愛する。

ブッダの故郷・シャカ族の人々は、コーサラ国のルリ王子に支配され、迫害を受けていました。
そんな彼らの前で、ブッダは話す機会を与えられます。
こき使われ、精気を失った故郷の人々を前にブッダは、こんな話をはじめました。

「人の一生は雲のように変わる
けっして一生涯おんなじように
幸福だったり不幸だったりするものではない」

転勤、仲間の退職、会社の業績不振……誰にも環境の変化は必ずやってきます。
一度も失敗することなく、幸せに働きつづけられる人などいないのだから、
たとえ不幸が訪れても、「雨の季節がきた」と考え、受け入れることが大切です。

**働く環境、条件、仲間、運……すべてが常に変化しているのが仕事。
時には変化による困難を楽しむぐらいの余裕が大切です。**

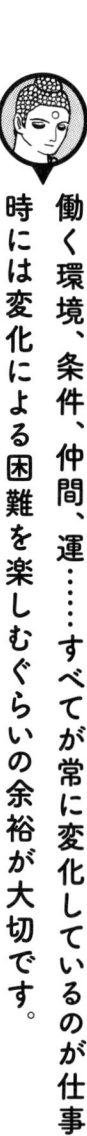

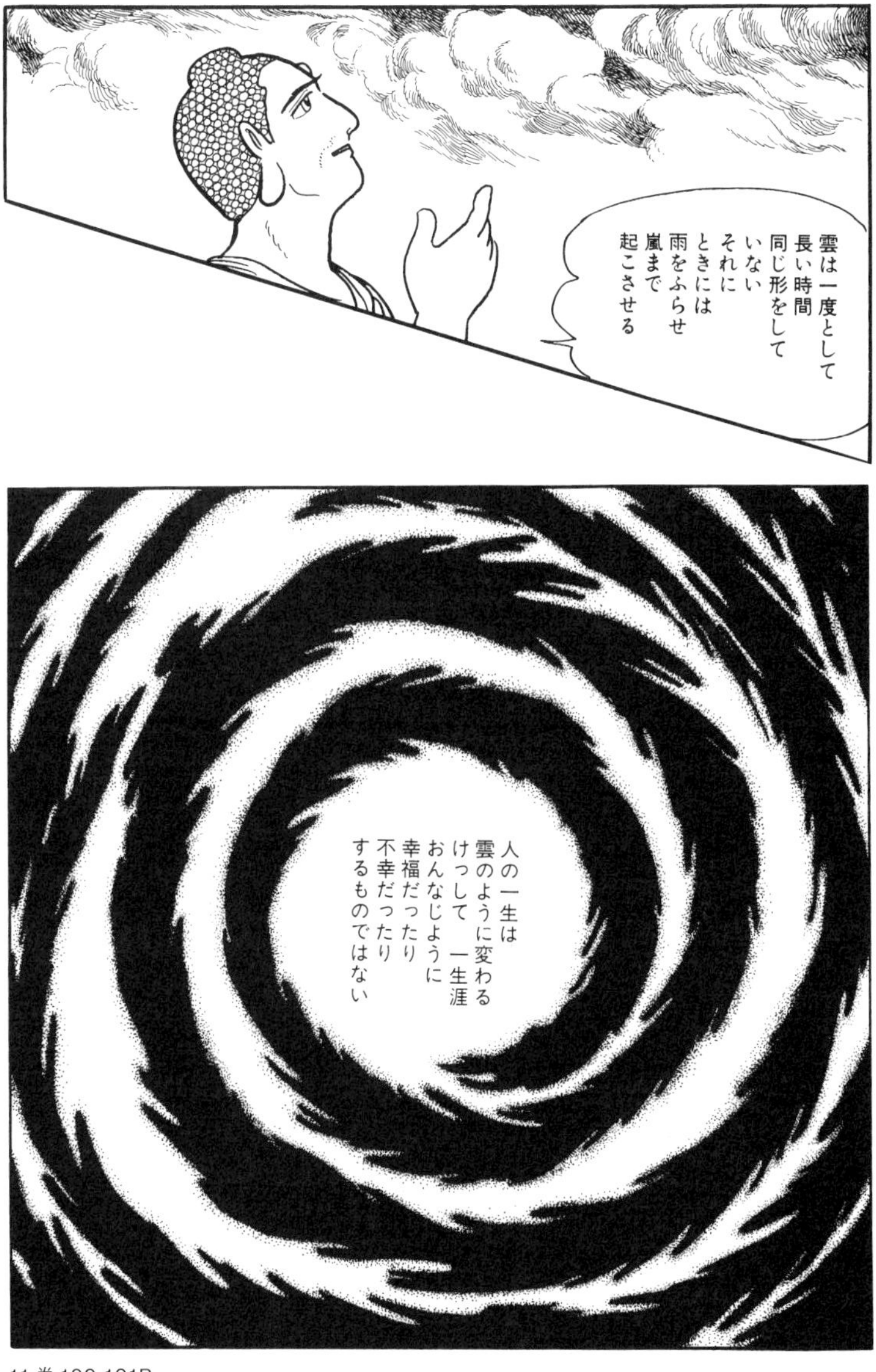
雲は一度として長い時間同じ形をしていないそれにときには雨をふらせ嵐まで起こさせる
人の一生は雲のように変わるけっして一生涯おんなじように幸福だったり不幸だったりするものではない

11巻100-101P

「持って生まれた不幸」を否定する。

母親が奴隷だったことに引け目を感じ、いつも恨めしく語っていたコーサラ国のルリ王子。しかしブッダは、その苦しみの原因はほかにあると言ったのです。

「あなたはその苦しみが生まれながらに背負った運命のように思いこんでおられるが それはちがいます」

例えば家庭の事情などで、ほかの人より働きにくい状況にあったとしても、その状況自体が人を苦しませる一番の原因なのでしょうか。
それよりも、その環境に対して「持って生まれた不幸だ」と嘆きつづけたり、自暴自棄になってネガティブな行動をとってしまったことへの後悔や負い目が、人をいつまでも苦しめるのかもしれません。

働く環境や条件は誰でも違うもの。考え方を変えれば、「持って生まれた不幸」も「成長するチャンス」になります。

つまり私は医者だ
フェ
いうなれば
人間の心の病気をなおす医者なのです
あなたは患者です
きのうあなたの訴えを聞きました
あなたはその苦しみが生まれながらに背負った運命のように思いこんでおられるがそれはちがいます
その苦しみはあなたの母君が女奴隷だったからではない……

11巻137P

その母君をあなたがないがしろになさって悲しい死にかかたをさせたことをくやんでいるから苦しいんです
母君の供養をなさい心をこめた供養をなされば
その苦しさは消えます
もうひとつ苦しみの原因がありますな
それはシャカ族を大勢殺したことへの後悔だ
その苦しみのほうは大きな決断がいりますぞシャカ族を許しあなたは軍隊といっしょにコーサラ国へ帰りなさいそうすれば苦しみはとれます
なんだとッ

いっさいを
もとの姿に
もどす！
それ以上の
殺りくは
しなくてすむ
それで
あなたの心は
すっかり
なおります
バカもやすみ
やすみいえッ!!
この
カピラヴァストウの
占領をといて
国へ帰れだと？
この国のやつらを
ひとり残らず
許してやれだと!?
ふざけるなっ
さっきいいましたろう
私は医者だ
あなたという患者から
苦しさをとるために
治療法をいったまでの
ことです
その治療法を
なさらないかぎり
あなたの苦しみは
一生とれませんぞ
ルリ王子
話にならん!!
こんなところにきた
時間がむだだった
わっ……

11巻138-139P

「なんで私だけ……」は、みんなが思う。

苦行僧たちから「ごろつき」と疎《うと》まれるタッタのもとを訪れたブッダ。そこにはブッダがかつて恋をし、今はタッタの妻であるミゲーラが横たわっていました。彼女は流産した上に、病に侵されていたのです。変わり果てたミゲーラの姿を見て、ブッダは思わず叫びます。

「ここにも苦しみにたえている人々がいる………！」

働いていれば、「なんでこんな時に」、「なんでこんなことが」と思う瞬間があるでしょう。その時さらに、「なんで私だけ……」と思うかもしれません。しかし、その気持ちは誰もが経験していることで、決して「私だけ」ではないのです。不運なできごとは、大小あれど、必ず誰にもやってきます。

苦しいのは、みんな同じ。規模やタイミングが違うだけで、誰もが「なんで私だけ…」と不幸を背負う瞬間があるのです。

5巻221P

「苦」をベースに、前を向く。

親を不当な理由で殺されたヤタラは、「自分が一番不幸な人間」と思い込んでいました。

ブッダはそんな彼に、「殺された親のほうが不幸ではないか」、「殺した者も不幸ではないか」と問いかけ、最後にこう告げたのです。

「だれもかれもひとり残らずみんな不幸なのだ
この世に幸福な人間なぞありはしない！」

ミスをしたり、怒られたり、急に予定が変更になったり……。

悪いことが重なった時は、自分だけがすべての不幸を背負っているように感じてしまいます。

しかしそれは、あなたが自分の不幸だけに目を向けているだけで、いたるところで同じように……もしくはあなた以上の不幸に苦しむ人がたくさんいるのです。

自分の不幸を、特別視しないこと。「不幸は誰にも訪れる」と考え、その合間に訪れる幸せに目を向けたほうが、心はずっと楽になります。

悪魔か神か?……神なら返事をしてほしい 悪魔ならいくがいい
おれ 神でも悪魔でもない……人間だ!!
この世でいちばんふしあわせな人間だ!!
おま おまえ坊主だな!?
坊主さあこた 答えろなぜ世の中ふしあわせ人間としあわせな人間いるのかなぜ なぜそうなのかさあ答えろ!!
答えろ!! 答えない殺すぞ
わけを話すがいい……
おれ おっかさんふたりいたひとり疫病で死んだひとりゾウにふみつぶされた!!

6巻239P

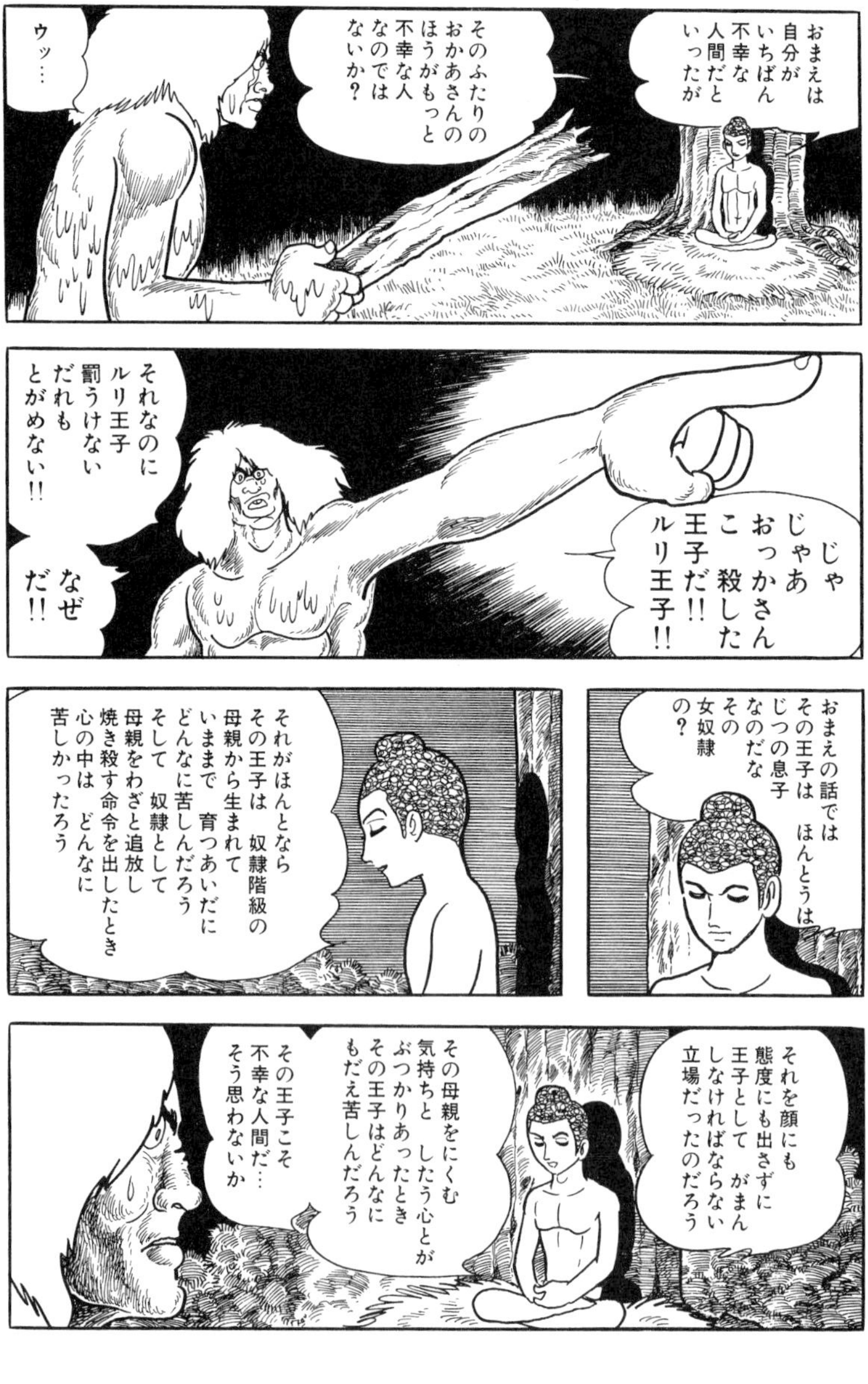
おまえは自分がいちばん不幸な人間だといったが
そのふたりのおかあさんのほうがもっと不幸な人なのではないか？
ウッ…
じゃあ おっかさん殺した王子だ!! ルリ王子!!
それなのにルリ王子罰うけないだれもとがめない!!
なぜだ!!
おまえの話では ほんとうはその王子は じつの息子なのだな その女奴隷の？
それがほんとなら その王子は 奴隷階級の母親から生まれて いままで 育つあいだに どんなに苦しんだろう そして 奴隷として 母親をわざと追放し 焼き殺す命令を出したとき 心の中は どんなに苦しかったろう
それを顔にも 態度にも出さずに 王子として がまんしなければならない 立場だったのだろう
その母親をにくむ 気持ちと したう心とが ぶつかりあったとき その王子はどんなに もだえ苦しんだろう
その王子こそ 不幸な人間だ… そう思わないか

そして
苦しんでいる
王子を見るにつけ
まちがって女奴隷と
結婚して王子を
生んだ父親の王は
もっと苦しんだろう
もっと不幸な人間
ではないのか？
おまえに
見守られて死んだ
おかあさんはまだしも
何も知らずに
焼き殺された
女奴隷たちは
もっと不幸では
ないのか？
ずっとたどって
いくがよい
だれもかれも
ひとり残らず
みんな不幸なのだ
この世に
幸福な人間なぞ
ありはしない！
ウッ…ウッ
ウオオオオッ
………
ウウ………

6巻 240-241P

つらい時ほど、淡々と。

未来を予測する力を手に入れた少年・アッサジ。

しかし彼は、自分があと6年で死んでしまうことも知ってしまいます。

それでも、日々淡々と過ごすアッサジの姿を見て、ブッダはこう感心したのです。

「あいつは顔に出ないからわからないけど
すごく苦しんでると思うよ」

自分だけ残業をしなければならない時、急な仕事を依頼された時、

「つらいアピール」をしてしまうことはないでしょうか。

それは、その仕事を「やる」ことに、心の中で納得がいっていないから。

理由が何であれ、「やる」と決めたのなら、まず決断をした自分を受け入れましょう。

その上で仕事をこなせばきっと、「つらいアピール」をするよりずっと気持ちよく働けます。

つらいと思った仕事で、つらい表情をしないこと。
つらさを見せるより、いつも通りこなす方が、人はあなたを信用します。

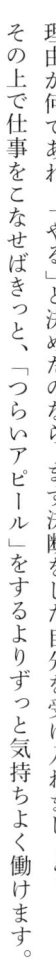

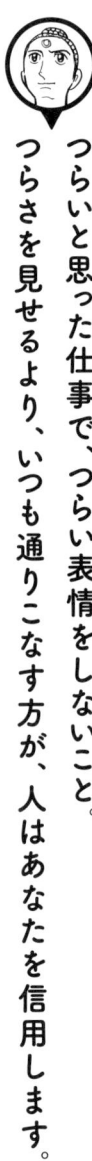

そこにいるアッサジなんかどうだ！
あと六年あまりで死んでしまうことがわかってるんだ
ズー
自分の死ぬ日が一日　また一日と近づいてくる苦しみはどんなだろう
あいつは顔に出ないからわからないけどすごく苦しんでると思うよ

5巻 216-217P

無駄に未来を悲観しない。

あと数年で死ぬことがわかっているアッサジ。
しかし彼は、毎日を平然と過ごしていました。
「死をおそれない秘訣ってあるのかい?」と尋ねるブッダに対して、彼はこう答えたのです。

「なーんにも考えないことだニャ」

大きなプロジェクトを任された時、もしくはプレゼンが明日に迫った時など、
「うまくいくだろうか」と悩んでしまうことがあるかもしれません。
しかし、悩み、迷いつづけていると、苦しみが生まれ、
プロジェクトやプレゼン自体が嫌になってしまいます。
必ず訪れる困難を目の前にした時は、先のことをあれこれ考え過ぎないことです。
何を思っても思わなくても、その困難は訪れ、やがて過ぎ去っていくのですから。

未来に訪れる困難を、必要以上に恐れないこと。
苦しみの原因は、予定そのものより、予定に対する妄想にあるのです。

アッサジ…答えてくれよぼくにはわかんないんだ
きみは死がこわくないのかい…ぼくはこわくてしかたがないんだが…
ズー
死をおそれない秘訣ってあるのかい?
なーんにも考えないことだニャ

6巻 22P

心が変われば、未来も変わる。

ブッダの弟子・アナンダと争い、岩のすき間に落ちてしまったアヒンサー。
彼は過去に何人もの人を殺しつづけた悪人でしたが、
そんなアヒンサーにも、ブッダはこんな救いの言葉を投げかけます。

「強がりをいうな
おまえは ただヤケクソになったあわれな人間だ・・・（中略）
生まれ変わって新しい人生をふみだしてみないか？」

「お金がなかったから」、「学歴がないから」、「上司に恵まれなかったから」……。
過去のいろいろな不遇を嘆き、心を悪に染め、自暴自棄になりそうな時があるかもしれません。
しかし、不遇を「経験」と考え、今に活かせば、未来は１８０度変わって見えるはずです。

唯一変えることができるのは、まわりではなく自分の心。
起きたことに対する見方を変えれば、未来は自然に変わります。

フン!! 計画なんかねぇ それでおれの のぞみは 終りだ
つまらん 人生だな
つまらん? クソ坊主に わかってたまる もんかいっ
強がりをいうな おまえは ただ ヤケクソになった あわれな人間だ
前にもおまえに いったことが あるな…… 生まれ変わって 新しい人生を ふみだして みないか?
私が 手伝っても いいぞ
チェッ てめえの助けを 借りるくらいなら ここで死んだほう がましだっ
じゃあなぜ 「助けてくれ」と いったんだね?
…………

11巻 58P

世の中に、逆行しない。

残忍な盗賊だったアナンダは、過去に何人もの人を殺していました。
ブッダはそんな彼でさえも、「自然に育ったただの人間」と言います。
「このままなりゆきにまかせるとまた殺すぞっ」とアナンダが反論すると、
ブッダは穏やかな口調でこうつづけました。

「一生のあいだおまえは世の中の
あらゆるものとつながりを持ってゆく……
同じつながりを持つのなら……自然にまかせたらどうだね？」

目の前のできごとをネガティブにとらえ、その都度、怒りに任せて行動すること。
それは川の流れに乗ろうとせず、自ら逆流して苦しむのといっしょなのです。

自分のまわりで起こるできごとを、いちいち否定し、荒立てないこと。
偶然を愛し、逆らわずに流れに乗れば、波も次第に穏やかになります。

おまえは悪魔の子でもなんでもない自然に生まれ自然に育ったただの人間だよ
うそだ
わかっちゃいねえなおれはなーッ
何人も殺したぞ　このままなりゆきにまかせるとまた殺すぞっ
アナンダよ
この世の中はどんなものでも　なにかおたがいに　つながりを持っているものだ
それは一生つづく　一生のあいだおまえは世の中のあらゆるものとつながりを持ってゆく………
同じつながりを持つのなら……
自然にまかせたらどうだね？

9巻 112P

それでも怠けず、正しく働く。

予言者・アッサジの予言で、余命が残り5年と分かっているビンビサーラ王（セーニャ）。

死を恐れ、苦しむ彼に対し、ブッダはこんな言葉を語りかけました。

**「逃げられない運命なら勇気だ 覚悟だ 正しい行動だ
正しい生活で…その日を待つのです！」**

「どうせやっても意味がない」、「どうせ提案しても聞いてもらえない」……。

今までの経験から、そう感じてしまう仕事もあるかと思います。

しかし、そんな後ろ向きな態度のままで働く時間は、あなたにとって無駄でしかありません。

やると決めたのなら、前を向いて丁寧に、全力でやり切ること。

たとえ結果が出なくても、その過程は次の仕事に必ずつながるはずです。

明日を憂いて、今日をおろそかにしないこと。ネガティブな気持ちで仕事をすれば、心も汚れ、次の仕事にも影響を及ぼします。

木は枯れる
枯れなければ
いつか切られる
おので
切られる
そのとき木は
なんと思うかな
………？
いたいとか
苦しいとか
なさけない
とか思う
だろうか？
しかし
木は何もできない
だから いさぎよく
切られる日を待つだろう
なあ木よ……
もしおまえに
口があるなら
わめくだろうな
目があるなら
泣くだろう
もし動けるなら
逃げだすだろう
な………
セーニャ
あなたも
逃げられない
運命なら
勇気だ 覚悟だ
正しい行動だ 正しい生活で
…その日を待つのです！

10巻21P

「自分」という流れに身を委ねる。

自分の生き方に悩むヤタラは、ブッダからこんな言葉を授かりました。

「川は偉大だ 自然の流れのままにまかせて何万年もずっと流れてる
流れをはやめようという欲もなければ
流れを変えるちからも出さない すべて自然のままなのだ！」

仕事の内容、相手の態度、会社の体質……仕事をすればするほど、不満に思うことが増えてくるかもしれません。
その際、「今の仕事は自分に合っていないだけ」、「まわりが悪いから結果が出ない」などと考え、やるべきことをやらず、「自分」という流れを止めてはいないでしょうか。
目の前の仕事を着実にやり遂げた人しか、その先に広がる新しい景色を見ることはできません。

まわりを気にして立ち止まらず、「自分」の流れにしっかり乗ること。
やるべきことを丁寧にこなしていけば、未来は自然と開いていきます。

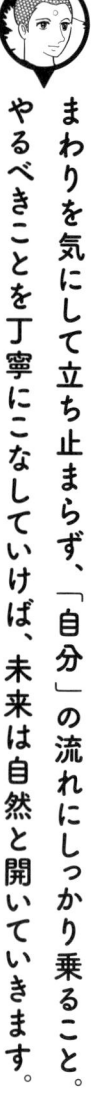

じゃあ…おれ これから どうやって 生きていけば いい？
その 川を 見なさい
川は偉大だ 自然の 流れのままにまかせて 何万年もずっと流れてる
流れを はやめようという 欲もなければ 流れを変える ちからも出さない すべて自然の ままなのだ！
しかも大きく美しい ……よろこばれ そして めぐみをあたえている…
おまえも巨人だ おまえの生きかたしだい で 川のように偉大にも なれるだろうよ

6巻 244P

死なくても、生まれ変われる。

殺人鬼・アヒンサーによって、木に縛りつけられ、殴られつづけたブッダ。
しかし彼は動揺することなく、アヒンサーに対し、
過去と決別して新しい道を探すよう、こんな言葉を投げかけます。

「勇気を出せ アヒンサー 一度死ね!!
そして その苦しみからぬけだせ」

かつてやってしまった悪い行いについて、反省しないのはもちろん悪いことですが、
反省ばかりしていてもいけません。
それによってあなたの苦しみが解消されることはないからです。
悪いことをしてしまったら、心を改め、いいことを積み重ねる。
それが苦しみを和らげる一番の方法です。

悪い行いを反省したら、すぐ、いい行いに励むこと。償いつづけ、
心の汚れを落とせば、人は生きているうちに、生まれ変われるのです。

アヒンサー おまえとは 話し合いをする はずだったな…
お…… おれに…… ふざけるな ………… おれに なんの話を しようてんだ
そうじゃない おまえが 自分の いいたいことを 洗いざらいいうんだ 心の中のものを すっかり
私に ぶちまけるがいい
それで どうなる? フン 身の上 相談じゃ あるまいし……
時間のむだだ しゃべる気も ねえよ
しゃべり終われば おまえは死ぬ
えーッ 死ぬって?
フフフフ ヘヘヘ ウハハハ
ハハハハ ウヒヒヒヒ どうやって 死ぬんだい
交通事故 でかい? 自殺でも すっか?
おまえの 人生は 終わるのだ
アングリ マーラと しての……
それで どうなる ?

9巻164P

殺人鬼としてのおまえ 指切り魔としてのおまえ 自分の罪に毎日 もだえ苦しむおまえは それで この世から いなくなるのだ
そして生まれ変わった おまえは別人だ 新しい生きる道を さがすことになる
フン!! よういうわ
おれが…そんなことを すると思ってるのか? お…おれは罪に もだえ苦しんでなんか ……いねえ
いや おまえは 苦しんでる
勇気を 出せ アヒンサー
一度 死ね!!

そして
その苦しみからぬけだせ
おれは苦しんでなんかいねえ!!
アヒンサー勇気を出して生まれ変われッ
ウオオオーッ
ウアーアーア

9巻165-166P

理不尽も不公平も、受け入れる。

2種類のハチたちが木の下で争っているのを目撃したダイバダッタ。片方のハチが相手の女王バチを噛みちぎり、争いが終わると、ダイバダッタの面倒を見ていたナラダッタは、こう語ったのです。

「強いものが勝ち よわいものが滅びる」

正しい者ではなく、強い者が勝つ。

それが仕事では現実に起こることを、知っておくことも必要です。

自分の努力だけでなく、理不尽なことや不公平なこと、いろんな要素が重なり合って仕事の結果は導き出されます。

そんな不条理を直視せず、現実を受け止めずにいると、心を乱されてしまうのです。

現実をしっかり受け止めること。理不尽や不公平なことが常に起こるものと知っていれば、心のざわつきを抑えられます。

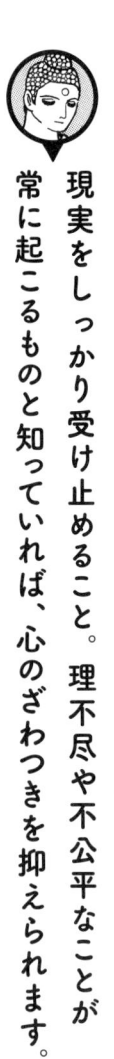

八つざきにされちゃった…
これで平和がくる強いものが勝ちよわいものが滅びる勝ち誇ったあの羽音を聞くがよい
このしきたりはなどんな生きものでも人間でさえ同じなのだよくおぼえておけ
さあもう動いてもよいぞいこう

4巻179P

傷つけられても、立ち止まらない。

ブッダが留守の間に、教団の指導者の地位をダイバダッタに譲らせようとしていたアジャセ王。

彼は、ブッダから留守を任されていたサーリプッタとモッガラーナを何度も拷問して、
ダイバダッタを指導者にするよう強要します。

それでも、アジャセ王の拷問に耐え、教団を守り抜いたサーリプッタとモッガラーナ。

旅から戻ってきたブッダがボロボロの2人を見て心配すると、サーリプッタは話しました。

「いろいろありまして…………いや…たいしたことではありません……」

彼は泣き言を言わないどころか、さらにこうつづけたのです。

「それよりおつかれでしょう」

自分の傷には触れず、旅から戻ったブッダの体を心配し、彼を迎え入れたサーリプッタ。

その姿勢が、「跡継ぎとして教団の中心になる人物」とブッダに言わしめたのでしょう。

「やられた過去」を嘆かず、「今やるべきこと」と向き合うこと。
心を揺らさず、前を向けば、「やられた過去」は心から消えていきます。

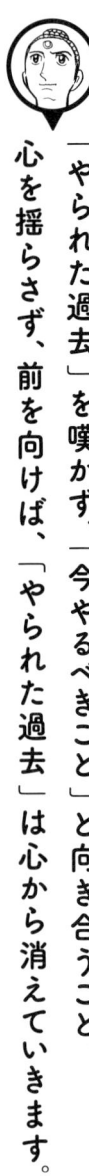

サーリプッタ！モッガラーナ!!
お帰りなさい どんなにお待ちしたかわかりません
どうしたのです その姿!!
いろいろありまして……
いや……たいしたことではありません……
ブッダがお留守のあいだサーリプッタとモッガラーナへの王の圧力はそれはひどいものだったのです
おふたりは何度も拷問をうけて教団をダイバダッタにゆずれと強要されたのです
おふたりはいまでもろくに歩けないほど弱っておられるのです
知らなかった…… すまん……
いや……ご心配なく それよりおつかれでしょう

12巻159-160P

「謙虚」と「卑屈」を、はき違えない。

自分の存在意義を見失い、泣き崩れていたヤタラ。
そんな彼にブッダは、優しくこう伝えます。

「おまえがこの世にいないならば 何かが狂ってしまうだろう」

「本当に自分の仕事は意味があるのか」、「自分は役に立っているのか」……。
仕事をしていてふと、そんな疑いを持つ時があるかもしれません。
しかし、あなたが仕事をする限り、あなたがいるからこその結果が出ます。
たとえ仕事に大きく関わっていなくても、あなたの行動や発言、雰囲気までもが、
仕事全体の流れに必ず影響しているのです。
同じ影響を与えるのなら、よい影響を与えたいと思いませんか。

自分の存在、自分の仕事に自信を持つこと。
謙虚さを忘れず堂々と働けば、仕事の流れも前向きになります。

木や草や山や川がそこにあるように
人間もこの自然の中にあるからにはちゃんと意味があって生きてるのだあらゆるものとつながりを持って……
そのつながりの中でおまえは大事な役目をしているのだよ
このお おれがか……
このオレに役目があるって? この役にも立たんオレが?
そうだ もしおまえがこの世にいないならば何かが狂ってしまうだろう
…………
おまえふしぎなことという…
おれ……そんなふうに思ってもみなかった……

6巻 243P

つらい時は、成長できる時。

弟子のアナンダとともに、教えを広める旅に出たブッダ。

その途中、大雨の中で沼地を歩くことになってしまいます。

ブッダを心配し、一度帰ることを提案するアナンダ。

しかしブッダは、「天がためしているのだと思う」と言い、前に進むことをやめません。

つづけてブッダはアナンダに、こう伝えています。

「これはおまえにとってもよい苦行になるぞ」

こうして2人は苦難を乗り越え、無事パンダワの町にたどり着いたのです。

例えば仕事がいろいろ重なって、家に帰れないほど忙しくなった時、
愚痴をこぼしながらイヤイヤやるか。「ここが踏んばりどころ」と前向きに取り組むか。
その気持ちの差は、結果はもちろんのこと、まわりからの評価にも大きく影響するのです。

つらいことが重なった時は、自分が成長できるチャンス。そう思えるかどうかが、結果や評価に直結します。

ブッダ
もどりま
しょう!!
これ以上進んだら
それこそおからだが……
もどって　時期を待って
出なおしましょう!
いや………
これは
竹林精舎などで
夢をむさぼっていた
私に　むかしの苦行
時代を思いださせる
ために天がためして
いるのだと思う
私はいく!
いかねば
ならん……
それより
アナンダ
これは
おまえに
とっても
よい
苦行に
なるぞ
はい…

10巻 241-242P

過去の答えが今。今の答えが未来。

かつて豊かな暮らしに明け暮れ、暇を持て余していたシャカ族。
今はコーサラ国に支配され、迫害を受けている彼らの前で、ブッダはこう説きました。

「どんな小さなことでも原因があればかならず結果が生まれる！
これは自然のおきてなのだ」

そして、なぜこんなひどい目にあわなければいけないのか、
その原因を見つけるように促し、このようにつづけたのです。

「ヤケクソになるな
苦しくとも正しい心と正しい行ないさえつづければ…
それがきっと未来によい結果になってあらわれる！」

不幸が起きても、嘆いたままで終わらないこと。
原因を見つけ出し、今、解決のために努力すれば、未来は変わります。

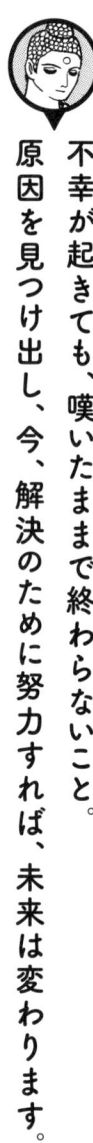

どんな小さなことでも原因があればかならず結果が生まれる！これは自然のおきてなのだ
シャカ族の人たちよ！いま　みなさんは苦しくつらい毎日を送っているがこんな結果になるにはどんな重大な原因があったか思いだしてみなさい！

同じようにコーサラの人たちよ！いま　みなさんは思うがままにシャカ族を迫害している……これが将来どんな恐ろしい結果を生むか……

それをおそれなさい!!

んな……んな……んな……

11巻106P

ブッダの発言は おだやかでは ありません!!
ヤツの口を 閉じさせ ましょう!!
ほうっとけ ボウズの タワごとだ!
へい
シャカ族の人々よ いまこそ 未来のために ぜひともやって ほしいことがある!
いまこそ 正しい心で 正しい行ないを やるのだ
ヤケクソになるな 苦しくとも 正しい心と 正しい行ないさえ つづければ…
それが きっと未来に よい結果になって あらわれる!

11巻107P

うん そうだね
先生が ひとは生まれてから 七つの敵にあうって いったよ
病気 飢え 裏切り しっと 欲 老衰 それから 死だって…

第5章 欲について

「苦しい」は、「欲しい」から生まれる。

大勢の前で、「火」について話をすることになったブッダ。
彼は燃えさかる火のそばで、このように説いたのです。

「人間の心はほしいもののためにいつも燃えている！
そうすると そのために泣いたりおこったり なやんだりする
それは消すことができる！
目をつむるように心を閉じるのだ」

さらに彼は、目をつむりながらこのようにつづけたのでした。

「そうすれば 迷いやなやみもなくなって かえって苦しみがとれ
おまけに この自然にとけこむことができるのです！」

**「欲は苦しみにつながる」ということを覚えておくこと。
手に入れる喜びは一瞬でも、手に入らない苦しみは一生つづくのです。**

人間の心は
ほしいもののために
いつも燃えている!
そうすると
そのために
泣いたりおこったり
なやんだりする
それは消すことが
できる!
目をつむるように
心を閉じるのだ
……そうすれば…
心を閉じるって
どうやって?
なんにも考えず
自分と
いうものさえ
忘れるのです
いっさいを
忘れるの
です!
無
無
無
無
無
無
ム

9巻195P

欲は次々連鎖する。

大勢の前で話をすることになったブッダは、ある少年を例に挙げます。それは、「煩悩の火」が見えるひょうたんを手に入れた少年の話でした。その少年は、飲食店を任されるようになり、ライバル店に負けぬよう宣伝合戦をしているうちに、いつしか「煩悩の火」で全身が包まれてしまいます。その後、宣伝で使っていたろうそくが一斉に倒れ、店が火事になり、すべてを失ってしまうのです。

給料が上がればさらに高い給料を、役職が上がればさらに上の役職を目指したくなるもの。しかし、人の欲に限りはありません。「もっと欲しい」という欲望のままに行動をしていると、やり過ぎた行いに気づかず、やがて不幸を招いてしまうので注意が必要です。

モラルやルールを飛び越えないよう、欲をコントロールすること。ひとたび欲の連鎖がはじまれば、抜け出すことは難しくなります。

じゃあ その集めた金を なんに使うのかね?
いい服買って 酒のんで ごちそう食って 女の子と踊るんだい!!
――ではこの ひょうたんを のぞいて みるがよい…
いいから のぞいて みなされ
…ウッ だれか いる!!
おれだ!!
おれが ひょうたん の中に 見えるぞ
からだが 青く燃え てる!!
青く 燃えとるか フフフ そうか……
なッ なんだい こりゃ…… 気持ち 悪いや
あれは 煩悩《ぼんのう》の 火だ
ボンノー って 何さ
人間の 欲望の火が 燃えとるんじゃ

9巻 210P

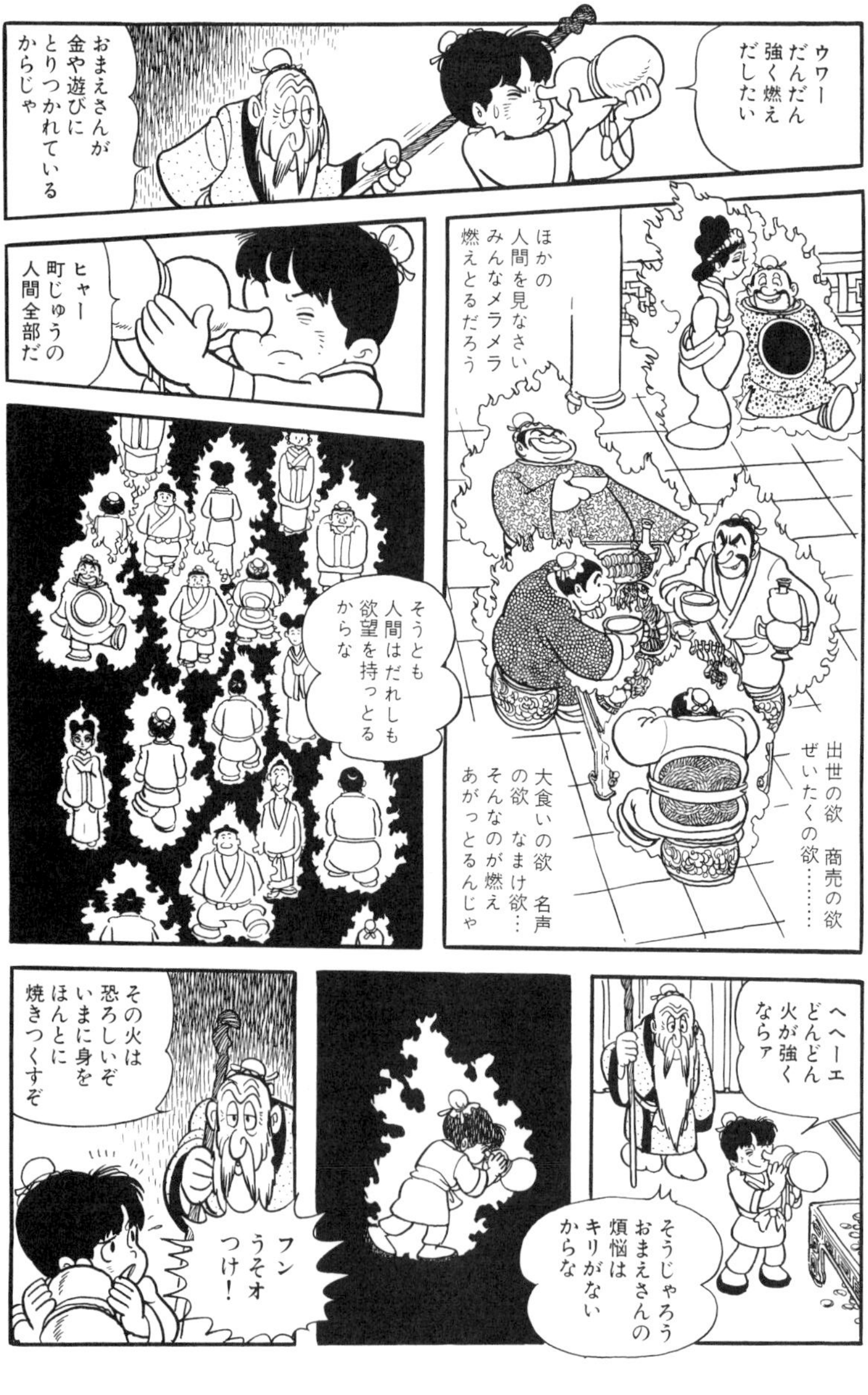
ウワー
だんだん
強く燃え
だしたい
おまえさんが
金や遊びに
とりつかれている
からじゃ
ほかの
人間を見なさい
みんなメラメラ
燃えとるだろう
出世の欲　商売の欲
ぜいたくの欲……
大食いの欲　名声
の欲　なまけ欲…
そんなのが燃え
あがっとるんじゃ
ヒャー
町じゅうの
人間全部だ
そうとも
人間はだれしも
欲望を持っとる
からな
へへーエ
どんどん
火が強く
ならァ
そうじゃろう
おまえさんの
煩悩は
キリがない
からな
フン
うそオ
つけ！
その火は
恐ろしいぞ
いまに身を
ほんとに
焼きつくすぞ

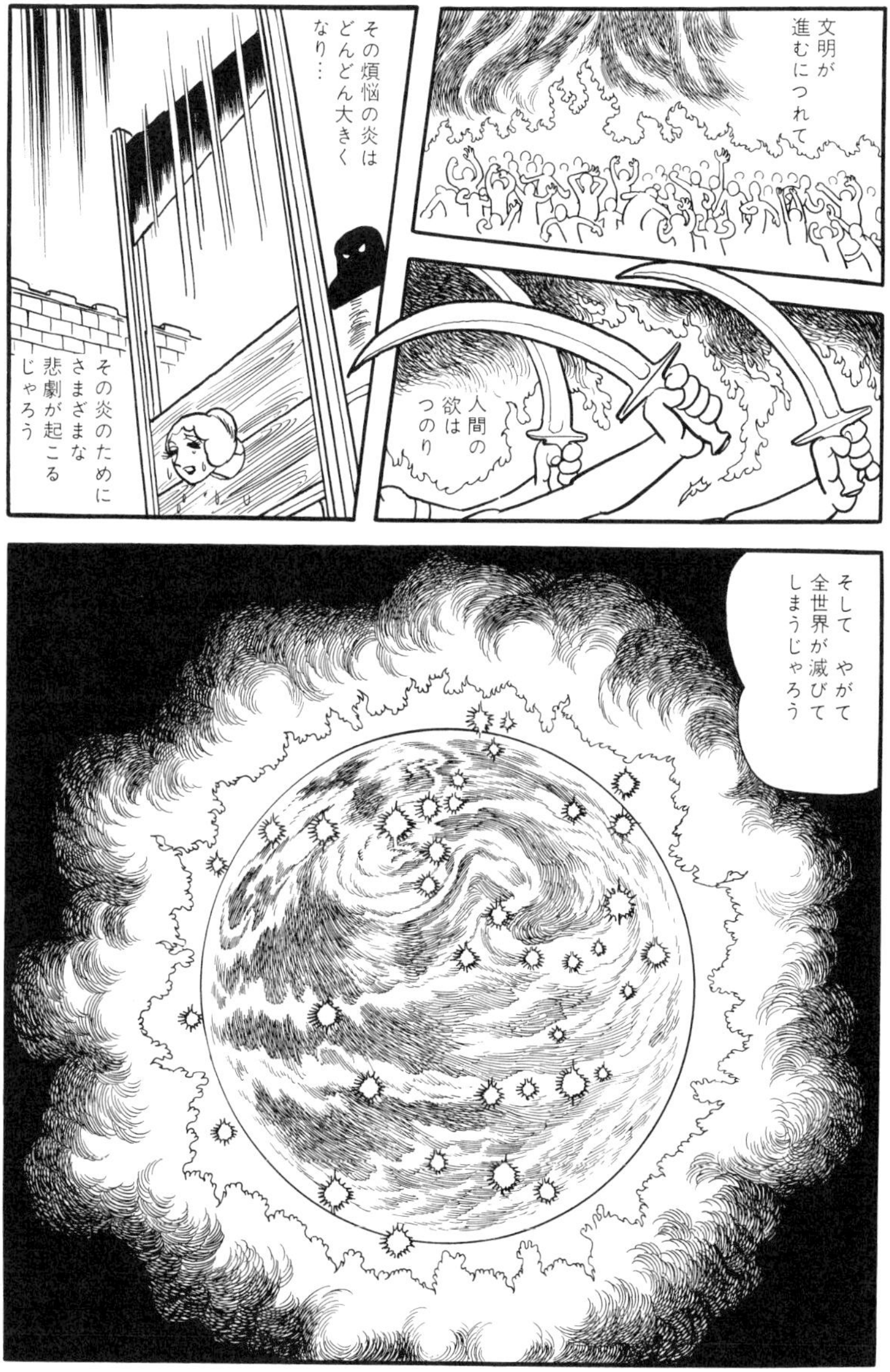
文明が進むにつれて
その煩悩の炎はどんどん大きくなり…
人間の欲はつのり
その炎のためにさまざまな悲劇が起こるじゃろう
そしてやがて全世界が滅びてしまうじゃろう

9巻 211-212P

欲望の数は、苦しみの数。

修行するブッダのもとを訪れた、マガダ国王・ビンビサーラ。

彼はブッダを自国の武将にするために、さまざまな条件を提示します。

しかしブッダは、一見、好条件に思えるその提示を穏やかにこう拒んだのです。

「――いままでいろいろな欲望には
いろいろなわざわいのつきまとうことを見てきました」

欲は成長する活力にもなりますが、永遠に満たされない不満も生みます。

しかしその不満は、「手に入らない」という事実ではなく、

「欲しいのに手に入らない」というあなたの気持ちが原因なのです。

完全にはなくせずとも、その気持ちを減らせれば、欲から解放された分、楽に過ごせるでしょう。

数ある欲望の中から、諦めてリセットできるものを探すこと。
リセットした欲の数だけ、苦しみの数も減っていきます。

あなたはまだ若くこれから人生が始まるというのに！
姿形もりりしくおおしくすぐれた武士の気品にみちている！
……できるなら予の国にとどまって…………
のちの世に名を残す武将になってほしいのだ！
象軍も軍隊もあずけよう
のぞみの財宝もあたえよう
どうか王のたのみをきいてくれ
——いままでいろいろな欲望にはいろいろなわざわいのつきまとうことを見てきました
私はそれらをふり捨ててひたすら修行することに決めたのです………
それがいま私のただひとつの心のやすらぎなんです

5巻 128-129P

「ない」を、嘆かない。

奴隷の子として生まれたチャプラ。
食べ物も水もない状況に置かれた彼は、自分の境遇に我慢ができず、
母に対して怒りを爆発させてしまいます。

「あの人ぐらい給料があったら」、「仕事ができたら」、「できる後輩に恵まれていたら」……。

このように、人はどうしても「足りないもの」に目がいってしまいます。

しかし、そこに目を向けると、心はいつまでたっても落ち着きません。

さらにほかにも「足りないもの」を見つけ、ますます心が乱れてしまいます。

「仕事でお金がもらえる」、「相談できる仲間がいる」、「自分を必要としてくれる人がいる」……。

そういった、小さくても「満ち足りているもの」を心の中でたくさん挙げていくと、
自然と穏やかな気持ちになれるものです。

足りないことに不満を持つより、足りていることに感謝すること。
感謝すればするほど、心の中だけでなく、行動もポジティブになります。

どうして
ぼくたちはこうも
苦しまなきゃ
ならないんだ!!
ふだんは身分の
いやしさで苦しみ
いくさが始まれば
逃げまわって苦しみ
そして　イナゴにまで
こんなめにあわされる
なんて!!
なんのために生きて
るんだ　かあさん
なんで　ぼくを
生んだんだ　えっ?
生まなきゃ
よかったのに!!
ごめんよね
……
かあさん
いいのよチャプラ
かあさん　せめて
死ぬまでに　かあさんと
自由になってくらしたいね

1巻119P

「適量」で生きていく。

「死ぬのが怖い」と言う大金持ちの男・スダッタに、ブッダはこう話しました。

「あなたは財産が心配だ 富が心配だ
何もかも心配だから 死ぬのがこわいのでしょう
その心配をやめればらくになる
死ぬ日までしあわせにくらせるだろう」

その言葉に感激したスダッタは、全財産を投じ、ブッダのための僧園づくりをはじめるのです。

人の欲望は限りがなく、いつの間にか必要以上にいろいろなものを求めてしまいます。
もしそれらをすべて手に入れたとしても、今度は失わないように心配する日々がつづくのです。

必要以上に望まないこと。手に入れた「過剰」なものは、
失わないよう守るための「心配」を生んでしまいます。

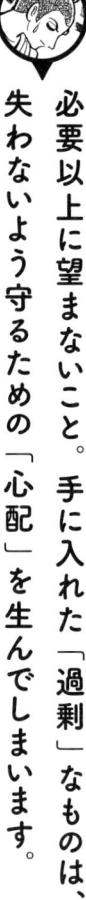

だが生まれればいつかは死ぬものだ
かならず死ぬのにそれをこわがるのはむだではないか?
ハア
旅の人よ
あなたは財産が心配だ富が心配だ何もかも心配だから死ぬのがこわいのでしょう
……はいそのとおりで…
その心配をやめればらくになる死ぬ日までしあわせにくらせるだろう

11巻 259-260P

仲間の功績を、無視しない。

食べ物が何もない建物の中で、穀物の入った壺を見つけたタッタ。

すると彼は、ネズミにも穀物を分け与えようと、仲間に訴えました。

壺を掘り出したのはタッタでしたが、どこにあるかをタッタに教えたのはネズミだったからです。


例えばあなたがあるプロジェクトのリーダーとなり、それが成功したとしても、

「これは自分の功績だ」とおごってはいけません。

遅くまで資料を集めた人、データの打ち込みをした人、許可取りに奔走した人……。

そういった目に見えないところで努力した人たちの支えがなくては、結果は出ないからです。

独り占めしたくなるような成果を、みんなと分かち合い、彼らの喜ぶ姿を見た時、
自分一人で喜ぶより大きな幸せを感じることができるでしょう。

結果が出たら、まずまわりに感謝すること。
一人で喜ぶより、みんなで喜ぶほうが、あなたもまわりも幸せです。

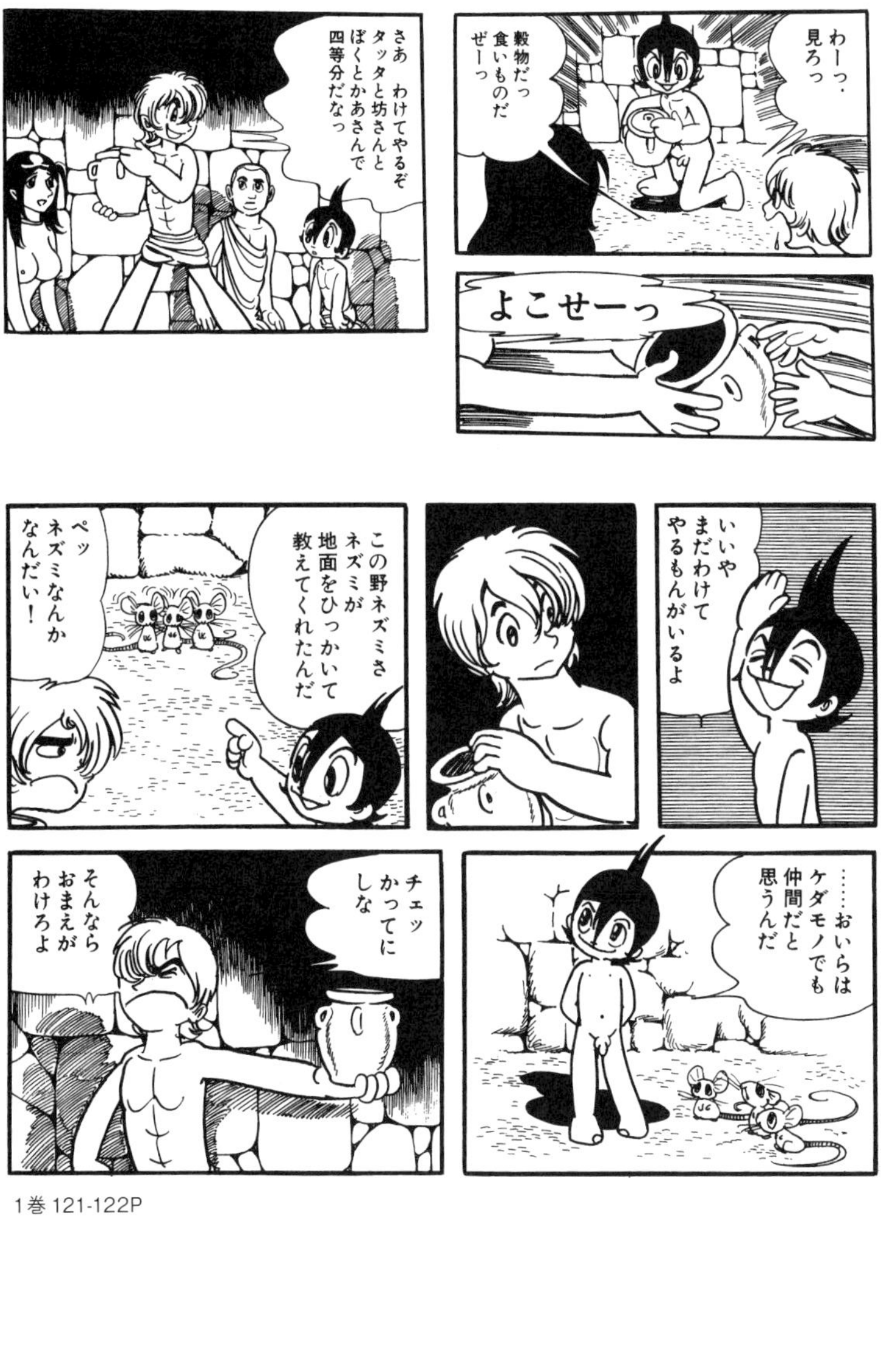
わーっ・見ろっ
穀物だっ食いものだぜーっ
よこせーっ
さあ　わけてやるぞ　タッタと坊さんとぼくとかあさんで四等分だなっ
いいやまだわけてやるもんがいるよ
この野ネズミさ　ネズミが地面をひっかいて教えてくれたんだ
ペッ　ネズミなんかなんだい！
……おいらはケダモノでも仲間だと思うんだ
チェッ　かってにしな
そんならおまえがわけろよ

1巻 121-122P

「人のため」が、一番うれしい。

「ブッダは何者か」と聞くダイバダッタに対し、「自分てものを捨てる人」と評したミゲーラ。

そして、彼女はつづけてこう言ったのです。

「自分を犠牲にしても他人につくすのよ」

もちろん、常に他人のために自分が犠牲になる必要はありません。
まずは、あなたが幸せになるために働くべきです。
ただ、自分の幸せのために働くことが、他人や世の中の幸せにもつながる。
そんな働き方が、あなたにとっても、まわりの人にとっても
素晴らしい仕事と言えるのかもしれません。

自分の幸せと、他人の幸せの距離を近づけること。
人のために尽くす喜びを知れば、心はずっと穏やかになります。

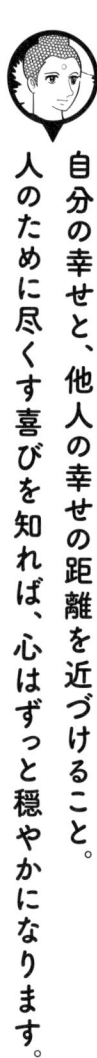

なんといっていいか……自分てものを捨てる人なんだ
自分を捨てる？そりゃどういうこと？
自分を犠牲にしても他人につくすのよ
他人のために働くのか
おれだってビンビサーラ王のために働くぜ
そういうことじゃないのさ…おつとめとはちがうのよ

7巻 78P

わかったぞ
そうだ　いま
わかったぞ〜っ

人間の心の中にこそ…神がいる…神が宿っているんだ!!

まんが『ブッダ』に学ぶ

穏やかな働き方

2016年8月30日　第1刷発行
2018年9月 8 日　第4刷発行

著　者　**手塚治虫**

発行者　長坂嘉昭

発行所　株式会社プレジデント社
〒102－8641 東京都千代田区平河町2－16－1 平河町森タワー 13階
http://president.jp/
電話：編集 03-3237-3732　販売03-3237-3731

販　売　桂木栄一　髙橋徹　川井田美景　森田巌　末吉秀樹

装　丁　公平恵美

構　成　森山晋平（ひらり舎）

編　集　渡邉崇

制　作　関結香

印刷・製本　凸版印刷株式会社

ISBN978－4－8334－2187－4
Printed in Japan